CUENTOS CON ALMA
(PUENTES DE LUZ)

D1602827

— Colección Serendipity —

Cuentos con Alma

(PUENTES DE LUZ)

Escritos y recopilados por

ROSARIO GÓMEZ ALFONSO

Gaia Ediciones

Diseño de cubierta: Rafael Soria

© Editorial Por un Mundo Mejor
Santiago de Chile (Chile)

De la presente edición española:
© GAIA Ediciones, 2006
Alquimia, 6
28935 Móstoles (Madrid) - España
Tels.: 91 614 53 46 - 91 614 58 49
Fax: 91 618 40 12
e-mail: contactos@alfaomega.es - www.alfaomega.es

Primera edición: diciembre de 2006
Depósito Legal: M. 48.595-2006
ISBN 10: 84-8445-171-2
ISBN 13: 978-84-8445-171-6

Impreso en España por: Artes Gráficas COFAS, S.A. - Móstoles (Madrid)

JAN 2 2 2010

Agradecimientos

A los autores de estos cuentos tan humanos, y que nos llevan a reflexionar sobre tantas verdades, por permitir que se publiquen y conecten a más seres con su alma. Por ser «puentes de Luz». Por traer un poquito del cielo a la Tierra con sus historias.

A todos los trabajadores de Luz que hay en, y alrededor, del planeta, que van alumbrando el camino a todos los que encuentran en su sendero.

Dedicado al despertar de la humanidad
y a que nos conectemos con ese pedacito
más amoroso que tenemos dentro.

Para que la Paz, el Amor y la Luz
reinen en la Tierra.

Santiago, Chile
Septiembre 2001

Con todo mi cariño, también dedico este libro a mis padres, Ricardo y M. Eliana, que me han acompañado en este vuelo; con mucho amor, a mis hijos Sebastián y M. José; a mi familia de la Tierra y la de las estrellas; a mis socios, que habitan en una dimensión más alta que la nuestra y que me usan de puente para que su mensaje llegue a todos ustedes. A Sami, un ser muy especial para mí, por su ternura y por todo lo que me ha enseñado… Y a muchos otros SERES amorosos que me acompañan en este viaje y que me ayudan a llevar adelante este proyecto.

ROSARIO GÓMEZ
Septiembre del 2002
Santiago de Chile

ÍNDICE

LIBRO II

Escucha, hermano,
la canción de la alegría.
El canto alegre del que espera
un nuevo día.

Ven, canta, sueña cantando.
Vive soñando el nuevo Sol
en que los hombres
volverán a ser hermanos.

Si es que no encuentras
la alegría en esta tierra,
búscala, hermano, más allá
de las estrellas.

Si en tu camino sólo existe la tristeza
y el llanto amargo
de la soledad completa.
Ven, canta, sueña cantando.
Vive soñando el nuevo Sol
en que los hombres
volverán a ser hermanos.

Ven, canta, sueña cantando.
Vive soñando el nuevo Sol
en que los hombres
volverán a ser hermanos.
Ven, canta, sueña cantando.
Vive soñando el nuevo Sol
en que los hombres
volverán a ser hermanos.

(Basado en el último movimiento de la Novena Sinfonía, de Beethoven.
Letra: *Amado Regueiro Rodríguez*.)

SABIDURÍA CANINA

Aprende a actuar con sabiduría canina. Inténtalo, vale la pena:

1. Nunca dejes pasar la oportunidad de salir a pasear.
2. Experimenta la sensación del aire fresco y del viento en tu cara sólo por placer.
3. Cuando alguien a quien amas se aproxima, corre para saludarlo(a).
4. Cuando haga falta, practica la obediencia.
5. Deja que los demás conozcan cuándo están invadiendo tu territorio.
6. Siempre que puedas, échate una siesta y estírate antes de levantarte.
7. Corre, salta y juega diariamente.
8. Sé siempre leal.
9. Come con gusto y con entusiasmo, pero detente cuando ya estés satisfecho.
10. Nunca pretendas ser algo que no eres.
11. Si lo que deseas está enterrado, cava hasta encontrarlo.
12. Cuando alguien tenga un mal día, guarda silencio, siéntate cerca de él(ella) y trata de agradarlo(a).
13. Cuando quieras llamar la atención, deja que alguien te toque.
14. Evita morder por cualquier problema.
15. En los días cálidos, acuéstate sobre tu espalda en el prado.
16. En los días de más calor, bebe mucha agua y descansa bajo un árbol frondoso o en tu rinconcito preferido.

17. Cuando te sientas feliz, baila y balancea tu cuerpo.
18. No importa cuántas veces seas censurado, no asumas ningún rencor y no te entristezcas... Corre inmediatamente hacia tus amigos.
19. Alégrate por el simple placer de una caminata.
20. Mantente siempre alerta pero tranquilo.
21. Da cariño con alegría y deja que te acaricien.

AUTOR DESCONOCIDO

LIBRO I

Cuentos con Alma

(Puentes de Luz)

Historias para leer con calma, sin prisas; tal vez para leer de una vez y abrirse a recibir el mensaje que nos trae cada una de ellas.

Historias para leer con los ojos del corazón y reflexionar.

Historias que entibian el alma, que nos invitan a vivir desde otro punto.

QUIZÁS ÉL SÓLO
QUERÍA DARLE ÁNIMO

Dos hombres, ambos gravemente enfermos, ocupaban la misma habitación de un hospital.

A uno de ellos se le permitía sentarse en su cama, por una hora y cada tarde, para ayudar a drenar los fluidos de sus pulmones. Su cama estaba junto a la única ventana del cuarto.

El otro hombre debía permanecer todo el tiempo en su cama, tendido sobre su espalda.

Los hombres conversaban horas y horas. Hablaban acerca de sus esposas y familias, de sus hogares, de sus trabajos, de su servicio militar, de cuando estaban de vacaciones, etc.

Y cada tarde, en la cama cercana a la ventana, el hombre que podía sentarse se pasaba el tiempo describiéndole a su compañero de cuarto el paisaje que él podía ver desde allí.

El hombre de la otra cama comenzaba a vivir, en esos pequeños intervalos de una hora, como si su mundo se agrandara y reviviera por toda la actividad y el color del mundo exterior. Se divisaba desde la ventana un hermoso lago, cisnes, personas nadando y niños jugando con sus pequeños barcos de papel. Jóvenes enamorados caminaban abrazados entre flores de todos los colores del arco iris. Grandes y viejos árboles adornaban el paisaje, y una ligera vista del horizonte de la ciudad podía divisarse a la distancia.

Como el hombre de la ventana describía todo esto con exquisitez de detalles, el hombre de la otra cama podía cerrar sus ojos e imaginar tan pintorescas escenas.

Una cálida tarde de verano, el hombre de la ventana le describió un desfile que pasaba por ahí. A pesar de que el hombre no podía escuchar a la banda, sí podía ver todo en su mente, pues el caballero de la ventana le describía todo con palabras muy descriptivas. Días y semanas pasaron.

Un día, cuando la enfermera de mañana llega a la habitación llevando agua para el aseo de cada uno de ellos, descubre el cuerpo sin vida del hombre de la ventana, el mismo que había muerto tranquilamente en la noche mientras dormía. Ella se entristeció mucho y llamó a los auxiliares del hospital para trasladar el cuerpo.

Tan pronto como creyó conveniente, el otro hombre preguntó si podía ser trasladado cerca de la ventana. La enfermera estaba feliz de realizar el cambio; luego de estar segura de que estaba confortablemente instalado, ella le dejó solo.

Lenta y dolorosamente se incorporó, apoyado en uno de sus codos, para tener su primera visión del mundo exterior.

Finalmente, iba a tener la dicha de verlo por sí mismo. Se estiró para, lentamente, girar su cabeza y mirar por la ventana que estaba junto a la cama. Sólo había un gran muro blanco. Eso era todo.

El hombre preguntó a la enfermera qué pudo haber obligado a su compañero de cuarto a describir tantas cosas maravillosas a través de la ventana. La enfermera le contestó que ese hombre era ciego y que, por ningún motivo, él podía ver esa pared. Ella dijo:

—*Quizás él solamente quería darle ánimo.*

AUTOR DESCONOCIDO

LA ESTRELLA

Existían millones de estrellas en el cielo. Estrellas de todos los colores: blancas, plateadas, verdes, doradas, rojas y azules.

Un día, inquietas, ellas se acercaron a Dios y le dijeron:

—Señor Dios, nos gustaría vivir en la Tierra entre los hombres.

—Así será hecho —respondió el Señor—. Las conservaré a todas ustedes pequeñitas, como son vistas, para que puedan bajar a la Tierra.

Cuéntase que, en aquella noche, hubo una linda lluvia de estrellas.

Unas se acurrucaron en las torres de las iglesias; otras fueron a jugar y a correr junto con las luciérnagas por los campos, y algunas se mezclaron con los juguetes de los niños... Y la Tierra quedó maravillosamente iluminada. Pero con el transcurrir del tiempo, las estrellas decidieron abandonar a los hombres y volver para el cielo, dejando la Tierra oscura y triste.

—¿Por qué volvieron? —preguntó Dios, a medida que ellas iban llegando al cielo.

—Señor... no nos fue posible permanecer en la Tierra. Allá existe mucha miseria y violencia, mucha maldad, mucha injusticia...

Y el Señor les dijo:

—¡Claro! El lugar de ustedes está aquí, en el cielo; la Tierra es el lugar de lo transitorio, de aquello que pasa, de aquel que cae, de aquel que yerra, de aquel que muere... Nada es perfecto. El cielo es el lugar de la perfección, de lo inmutable, de lo eterno; donde nada perece.

Después de llegar todas las estrellas y verificar su número, Dios habló de nuevo:

—Nos está faltando una estrella... ¿Será que se perdió en el camino?

Un ángel, que estaba cerca, replicó:

—Señor, una estrella decidió quedarse entre los hombres; ella descubrió que su lugar es exactamente donde existe la imperfección, donde hay límites, donde las cosas no van bien, donde hay lucha y dolor.

—¿Mas qué estrella es ésa? —volvió Dios a preguntar.

—Es la esperanza, Señor; la estrella verde... La única estrella de ese color.

Y cuando miraron hacia la Tierra, la estrella no estaba sola.

La Tierra estaba nuevamente iluminada porque había una estrella verde en el corazón de cada persona. Porque el único sentimiento que el hombre tiene, y Dios no necesita tener, es la esperanza.

Dios ya conoce el futuro y la esperanza es propia de la persona humana, propia de aquel que yerra, de aquel que no es perfecto, de aquel que no sabe cómo será el futuro.

AUTOR DESCONOCIDO

Recibe en este momento esta estrellita en tu corazón: «la Esperanza...», tu estrella verde. No dejes que ella huya y no permitas que se apague. Ten certeza que ella iluminará tu camino... Sé siempre positivo y agradece a Dios por todo. Sé siempre feliz y contagia con tu corazón iluminando a otras personas.

LA SILLA

Una joven le pidió al sacerdote que fuera a su casa a hacer una oración para su padre, que estaba muy enfermo. Cuando el sacerdote llegó a la habitación del enfermo, encontró a este hombre en su cama con la cabeza alzada por un par de almohadas. Había una silla al lado de su cama, por lo que el sacerdote asumió que el hombre sabía que vendría a verlo.

—Supongo que me estaba esperando —le dijo.

—No. ¿Quién es usted? —dijo el hombre.

—Soy el sacerdote que su hija llamó para que orase con usted; cuando vi la silla vacía al lado de su cama, supuse que usted sabía que yo vendría.

—¡Oh, sí!, la silla —dijo el hombre enfermo—. ¿Le importaría cerrar la puerta?

El sacerdote, sorprendido, la cerró.

—Nunca le he dicho esto a nadie, pero toda mi vida la he pasado sin saber cómo orar. Cuando he estado en la iglesia he escuchado siempre, al respecto de la oración, que se debe orar y los beneficios que trae, etcétera, pero siempre esto de las oraciones me entró por un oído y salió por el otro, pues no tengo ni idea de cómo hacerlo; hace mucho tiempo, desde entonces, abandoné por completo la oración. Esto ha sido así, en mí, hasta hace unos cuatro años, cuando conversando con mi mejor amigo me dijo: «José, esto de la oración es simplemente tener una conversación con Dios.» Así es como te sugiero que lo hagas: te sientas en una silla y colocas otra silla vacía enfrente tuyo; luego, con fe, miras a Dios sentado delante de ti. No es algo alo-

cado el hacerlo, pues Él nos dijo: «*Yo estaré siempre con vosotros.*»
Por tanto, le hablas y lo escuchas de la misma manera como lo
estás haciendo conmigo ahora mismo. Es así que lo hice una vez
y me gustó tanto, que lo he seguido haciendo unas dos horas
diarias desde entonces. Siempre tengo mucho cuidado que no
me vaya ver a mi hija, pues me internaría de inmediato en la
casa de los locos.

El sacerdote sintió una gran emoción al escuchar esto, y le
dijo a José que era muy bueno lo que había estado haciendo y
que no cesara de hacerlo; luego, hizo una oración con él, le extendió una bendición, los santos óleos y se fue a su parroquia.

Dos días después, la hija de José llamó al sacerdote para decirle que su padre había fallecido. El sacerdote le preguntó:

—¿Falleció en paz?

—Sí. Cuando salí de casa, a eso de las dos de la tarde, me
llamó y fui a verlo a su cama. Me dijo lo mucho que me quería
y me dio un beso. Cuando regresé de hacer compras una hora
más tarde, ya lo encontré muerto. Pero hay algo extraño al respecto de su muerte, pues aparentemente justo antes de morir
se acercó a la silla que estaba al lado de su cama y recostó su cabeza en ella, pues así lo encontré. ¿Qué cree usted que pueda
significar esto?

El sacerdote se secó las lágrimas de emoción, y le respondió:

—*Ojalá que todos nos pudiésemos ir de esa manera.*

AUTOR DESCONOCIDO

EL ÁRBOL DE LOS PROBLEMAS

El carpintero que había contratado para que me ayudara a reparar una vieja granja, acababa de finalizar un duro primer día de trabajo. Su cortadora eléctrica se estropeó y le hizo perder una hora de trabajo, y ahora su antiguo camión se niega a arrancar. Mientras lo llevaba a su casa, se sentó en silencio. Una vez que llegamos, me invitó a conocer a su familia. Mientras nos dirigíamos a la puerta, se detuvo brevemente frente a un pequeño árbol, tocando las puntas de las ramas con ambas manos. Cuando se abrió la puerta, ocurrió una sorprendente transformación: su bronceada cara estaba plena de sonrisas. Abrazó a sus dos pequeños hijos y le dio un beso a su esposa. Posteriormente, me acompañó hasta el coche. Cuando pasamos cerca del árbol, sentí curiosidad y le pregunté acerca de lo que le había visto hacer un rato antes.

—¡Oh!, ése es mi árbol de problemas —contestó—. Sé que no puedo evitar tener problemas en el trabajo, pero una cosa es segura: los problemas no pertenecen a la casa, ni a mi esposa, ni a mis hijos. Así que, simplemente, los cuelgo en el árbol cada noche cuando llego a casa. Luego, en la mañana, los recojo otra vez. Lo divertido es —dijo sonriendo— que cuando salgo en la mañana a recogerlos, ni remotamente hay tantos como los que recuerdo haber colgado la noche anterior.

AUTOR DESCONOCIDO

¡¡¡Sabiduría..., sabiduría...!!!

EL CÍRCULO
DEL NOVENTA Y NUEVE

Había una vez un rey muy triste que tenía un sirviente que, como todo sirviente de rey triste, era muy feliz. Todas las mañanas llegaba con el desayuno y despertaba al rey cantando y tarareando alegres canciones de juglares. Una sonrisa se dibujaba en su distendida cara y su actitud para con la vida era siempre serena y alegre. Un día, el rey lo mandó llamar.

—Paje, ¿cuál es el secreto de tu alegría? —le preguntó.

—No hay ningún secreto, alteza.

—No me mientas, paje. He mandado cortar cabezas por ofensas menores que una mentira.

—No le miento, alteza. No guardo ningún secreto.

—¿Por qué estás siempre alegre y feliz? ¡Eh! ¿Por qué?

—Majestad, no tengo razones para estar triste. Su alteza me honra permitiéndome atenderlo. Tengo mi esposa y mis hijos viviendo en la casa que la corte nos ha asignado, somos vestidos y alimentados; además, su alteza me premia de cuando en cuando con algunas monedas para darnos algunos gustos, ¿cómo no estar feliz?

—Si no me dices ahora mismo el secreto, te haré decapitar —dijo el rey—. Nadie puede ser feliz por esas razones.

—Pero majestad, no hay secreto. Nada me gustaría más que complacerlo, pero no hay nada que yo esté ocultando…

—Vete. ¡Vete antes de que llame al verdugo!

El sirviente sonrió, hizo una reverencia y salió de la habitación.

El rey estaba como loco. No consiguió explicarse cómo el

paje estaba feliz viviendo de prestado, usando ropa usada y alimentándose de las sobras de los cortesanos. Cuando se tranquilizó, llamó al más sabio de sus asesores y le contó su conversación de la mañana.

—¿Por qué él es feliz?

—¡Ah, majestad! Lo que sucede es que él está fuera del círculo.

—¿Fuera del círculo?

—Así es.

—¿Y eso es lo que le hace feliz?

—No, majestad; eso es lo que no le hace infeliz.

—A ver si entiendo, ¿estar en el círculo le hace infeliz?

—Así es.

—¿Y cómo salió?

—¡Nunca entró!

—¿Qué círculo es ése?

—El círculo del noventa y nueve.

—Verdaderamente, no entiendo nada.

—La única manera para que entendiera sería mostrárselo con los hechos.

—¿Cómo?

—Haciendo entrar a tu paje en el círculo.

—¡¡¡Eso!!!, obliguémosle a entrar.

—Alteza, nadie puede obligar a nadie a entrar en el círculo.

—Entonces habrá que engañarlo.

—No hace falta, su majestad. Si le damos la oportunidad, él entrará solito, solito.

—¿Pero él no se dará cuenta de que eso será su infelicidad?

—Sí, se dará cuenta.

—Entonces no entrará.

—No lo podrá evitar.

—¿Dices que él se dará cuenta de la infelicidad que le causará entrar en ese ridículo círculo y de todos modos entrará en él y no podrá salir?

—Tal cual. Majestad, ¿está dispuesto a perder un excelente sirviente para poder entender la estructura del círculo?

—Sí.

—Bien; esta noche le pasaré a buscar. Debe tener preparada una bolsa de cuero con noventa y nueve monedas de oro, ni una más ni una menos. ¡Noventa y nueve!

—¿Qué más? Llevo los guardias, por si acaso.

—Nada más que la bolsa de cuero, majestad. Hasta la noche.

Hasta la noche, así fue. Esa noche, el sabio pasó a buscar al rey. Juntos, se escurrieron hasta los patios del palacio y se ocultaron junto a la casa del paje. Allí esperaron el alba. Cuando dentro de la casa se encendió la primera vela, el hombre sabio agarró la bolsa y le pinchó un papel, que decía:

«Este tesoro es tuyo. Es el premio por ser un buen hombre. Disfrútalo, y no cuentes a nadie cómo lo encontraste.»

Luego, ató la bolsa con el papel en la puerta del sirviente; golpeó y volvió a esconderse.

Cuando el paje salió, el sabio y el rey espiaban detrás de unas matas lo que sucedía. El sirviente vio la bolsa, leyó el papel, agitó la bolsa y, al escuchar el sonido metálico, se estremeció, apretó la bolsa contra su pecho, miró hacia todos los lados de la puerta y volvió a entrar.

El sabio y el rey se asomaron a la ventana para ver la escena. El sirviente había tirado todo lo que había sobre la mesa y dejado sólo la vela.

Se había sentado y había vaciado el contenido de la bolsa en la mesa. Sus ojos no podían creer lo que veían. ¡Era una montaña de monedas de oro!

Él, que nunca había tocado una de estas monedas, tenía hoy una montaña de ellas. El paje las tocaba y amontonaba, las acariciaba y hacía brillar la luz de la vela sobre ellas. Las juntaba y desparramaba, hacía pilas de monedas. Así, jugando y jugando, empezó a hacer pilas de diez monedas.

Una pila de diez, dos, tres, cuatro, cinco, seis pilas de diez… Y mientras, sumaba diez, veinte, treinta, cuarenta, cincuenta, sesenta…, hasta que formó la última pila: ¡¡¡noventa y nueve monedas!!!

Su mirada recorrió la mesa primero, buscando una moneda más; luego, el piso, y finalmente la bolsa.

«No puede ser», pensó.

Puso la última pila al lado de las otras y confirmó que era más baja.

—¡¡Me robaron!! —gritó—. Me robaron, malditos.

Una vez más, rebuscó en la mesa, en el piso, en la bolsa, en sus ropas, vació sus bolsillos y corrió los muebles, pero no encontró lo que buscaba.

Sobre la mesa, como burlándose de él, una montañita resplandeciente le recordaba que había noventa y nueve monedas de oro. «Sólo noventa y nueve monedas.»

«Es mucho dinero», pensó.

«Pero me falta una moneda. Noventa y nueve no es un número completo —pensaba—. Cien es un número completo, pero noventa y nueve, ¡¡no!!»

El rey y su asesor miraban por la ventana. La cara del paje ya no era la misma: estaba con el ceño fruncido y los rasgos tensos, los ojos se habían vuelto pequeños y arrugados, y la boca mostraba un horrible rictus, por el que asomaban los dientes. El sirviente guardó las monedas en la bolsa y mirando hacia todos los lados para ver si alguno de la casa lo veía, escondió la bolsa entre la leña. Luego, tomó papel y pluma, y se sentó a hacer cálculos.

¿Cuánto tiempo tendría que ahorrar el sirviente para comprar su moneda número cien?

Todo el tiempo hablaba solo, en voz alta. Estaba dispuesto

a trabajar duro hasta conseguirla. Después, quizás, no necesitara trabajar más. Con cien monedas de oro un hombre puede dejar de trabajar. Con cien monedas de oro un hombre es rico. Con cien monedas se puede vivir tranquilo.

Sacó el cálculo. Si trabajaba y ahorraba su salario y algún dinero extra que recibía, en once o doce años juntaría lo necesario.

«Doce años es mucho tiempo», pensó.

Quizá pudiera pedirle a su esposa que buscara trabajo en el pueblo por un tiempo. Y él mismo, después de todo, terminaba su tarea en palacio a las cinco de la tarde; podría trabajar hasta la noche y recibir alguna paga extra por ello.

Sacó las cuentas: sumando su trabajo en el pueblo y el de su esposa, en siete años reuniría el dinero.

¡¡¡Era demasiado tiempo!!!

Quizá pudiera llevar al pueblo las sobras de la comida todas las noches y venderlo por unas monedas. De hecho, cuanto menos comieran, más comida habría para vender... vender... vender...

Estaba haciendo calor. ¿Para qué tanta ropa de invierno? ¿Para qué más de un par de zapatos?

Era un sacrificio, pero en cuatro años de sacrificios llegaría a su moneda cien.

El rey y el sabio volvieron a palacio.

El paje había entrado en el círculo del noventa y nueve...

Durante los siguientes meses, el sirviente siguió sus planes tal como se le ocurrieron aquella noche.

Una mañana, el paje entró a la alcoba real golpeando las puertas, refunfuñando de malas pulgas.

—¿Qué te pasa? —preguntó el rey, de buen modo.

—Nada me pasa; nada me pasa.

—Antes, no hace mucho, reías y cantabas todo el tiempo.

—Hago mi trabajo, ¿no? ¿Qué querría su alteza, que fuera su bufón y su juglar también?

No pasó mucho tiempo antes de que el rey despidiera al sirviente. No era agradable tener un paje que estuviera siempre de mal humor.

Autor desconocido

Moraleja: *Tú y yo..., y todos nosotros, hemos sido educados en esta estúpida ideología: «Siempre nos falta algo para estar completos... siempre hay que estar alcanzando, logrando, completando... y sólo así, después de alcanzar, lograr, completar, es que se puede gozar de lo que se tiene.» Por tanto, nos enseñaron: «La felicidad deberá esperar a completar lo que falta...» Y como siempre nos falta algo... (si no lo creemos así nosotros, alguien se encargará de hacérnolos creer), nunca se puede gozar de la vida.*

Pero ¿qué pasaría si la iluminación llegara a nuestras vidas? y nos diéramos cuenta, así, de golpe, que nuestras noventa y nueve monedas son el tesoro completo, que no nos falta nada, que nadie se quedó con lo nuestro, que nada tiene de más redondo cien que noventa y nueve, que todo es sólo una trampa, una zanahoria puesta frente a nosotros para que seamos estúpidos, para que jalemos del carro, cansados, malhumorados, infelices o resignados.

¡Una trampa para que nunca dejemos de empujar y que todo siga igual... eternamente igual!

... cuántas cosas cambiarían si pudiéramos disfrutar de nuestros tesoros... ¡¡¡TAL COMO ESTÁN!!!

EL CALENTADOR DE ASIENTO

Un muchacho vivía solo con su padre; ambos tenían una relación extraordinaria y muy especial. El joven pertenecía al equipo de fútbol de su colegio, pero normalmente no tenía la oportunidad de jugar; bueno, casi nunca. Sin embargo, su padre permanecía siempre en las gradas haciéndole compañía.

El joven era el más bajo de su clase; cuando comenzó secundaria, insistió en participar en el equipo de fútbol del colegio; su padre siempre le daba orientación y le explicaba claramente que «él no tenía que jugar fútbol, si no lo deseaba en realidad».

Pero el joven amaba el fútbol, no faltaba a un entrenamiento ni a un partido, estaba decidido en dar lo mejor de sí, se sentía felizmente comprometido.

Durante su vida de secundaria, lo recordaron como el «calentador de banco» debido a que siempre permanecía sentado. Su padre, con su espíritu de luchador, siempre estaba en las gradas dándole compañía, palabras de aliento y el mejor apoyo que hijo alguno podría esperar.

Cuando comenzó la universidad, intentó entrar al equipo de fútbol; todos estaban seguros que no lo lograría, pero a todos venció y entró en el equipo. El entrenador le dio la noticia, admitiendo que lo había aceptado por cómo demostraba entregar su corazón y su alma en cada uno de los entrenamientos y, al mismo tiempo, les daba a los demás miembros del equipo el entusiasmo perfecto.

La noticia llenó por completo su corazón; corrió al teléfono más cercano y llamó a su padre, quien compartió con él la emoción. Le enviaba, todas las temporadas, las entradas para que asistiera a los partidos de la universidad.

El joven era muy persistente: nunca faltó a un entrenamiento ni a un partido durante los cuatro años de la universidad, y nunca tuvo la oportunidad de participar en algún partido.

Era el final de la temporada, y justo unos minutos antes de que comenzara el partido recibió un telegrama. El joven lo tomó y luego de leerlo, lo guardó en silencio; temblando, le dijo al entrenador:

—¡Mi padre murió esta mañana! ¿No hay problema de que falte al partido hoy?

El entrenador le abrazó, y le dijo:

—¡Toma el resto de la semana libre, hijo! Y no se te ocurra venir el sábado.

Llegó el sábado y el partido no estaba muy bien; en el tercer cuarto, cuando el equipo tenía diez puntos de desventaja, el joven entró al vestuario y, calladamente, se colocó el uniforme y corrió hacia donde estaba el entrenador y su equipo, quienes estaban impresionados de ver a su luchador compañero de regreso.

—Entrenador, por favor, permítame jugar... ¡Yo tengo que jugar hoy! —imploró el joven.

El entrenador pretendía no escucharle; de ninguna manera él podía permitir que su peor jugador entrara en el cierre de las eliminatorias. Pero el joven insistió tanto, que finalmente el entrenador, sintiendo lástima, lo aceptó:

—¡O.K., hijo, puedes entrar! El campo es todo tuyo.

Minutos después, el entrenador, el equipo y el público no podían creer lo que estaban viendo. El pequeño desconocido, que nunca había participado en un partido, estaba haciendo todo perfectamente brillante; nadie podía detenerlo en el campo, corría fácilmente como toda una estrella.

Su equipo comenzó a ganar puntos, hasta que empataron el partido. En los últimos segundos de cierre, el muchacho interceptó un pase y corrió todo el campo hasta ganar con un *touch down*.

La gente que estaba en las gradas gritaba emocionada, y su equipo lo llevaba a hombros por todo el campo. Finalmente, cuando todo terminó, el entrenador observó que el joven estaba sentado calladamente y solo en una esquina, se acercó y le dijo:

—¡Muchacho, no puedo creerlo; estuviste fantástico! Dime, ¿cómo lo lograste?

El joven miró al entrenador, y le dijo:

—Usted sabe que mi padre murió… Pero ¿sabía que mi padre era ciego? —el joven hizo una pausa y trató de sonreír—. Mi padre asistía a todos mis partidos, pero hoy era la primera vez que él podría verme jugar… ¡y yo quise mostrarle que sí podía hacerlo!

AUTOR DESCONOCIDO

EL PESO DE UNA ORACIÓN

Louise Redden, una mujer pobremente vestida y con una expresión de derrota en el rostro, entró en una tienda de abarrotes. Se acercó al dueño de la tienda y, de una forma muy humilde, le preguntó si podía fiarle algunas cosas.

Hablando suavemente, explicó que su marido estaba muy enfermo y no podía trabajar, que tenían siete hijos y que necesitaban comida.

John Longhouse, el abarrotero, se mofó de ella y le pidió que saliera de la tienda.

Visualizando las necesidades de su familia, la mujer le dijo:

—Por favor, señor, le traeré el dinero tan pronto como pueda.

John le dijo:

—No puedo darle crédito porque usted no tiene cuenta con la tienda.

Junto al mostrador había un cliente que escuchó la conversación. El cliente se acercó al mostrador y le dijo al abarrotero que él respondería por lo que necesitara la mujer para su familia.

El abarrotero, no muy contento con lo que pasaba, le preguntó de mala gana a la señora si tenía una lista.

Louise respondió:

—¡Sí, señor!

—Está bien —le dijo el tendero—. Ponga su lista en la balanza, y lo que pese la lista eso le daré en mercancía.

Louise pensó un momento, con la cabeza baja, y después sacó una hoja de papel de su bolso y escribió algo en ella. A continuación, puso la hoja de papel cuidadosamente sobre la balanza, todo esto con la cabeza baja.

Los ojos del tendero se abrieron en asombro, al igual que los del cliente, cuando el plato de la balanza bajó hasta el mostrador y se mantuvo abajo.

El tendero, mirando fijamente la balanza, se volvió hacia el cliente, y le dijo:

—¡No puedo creerlo!

El cliente sonrió, mientras el abarrotero empezó a poner la mercancía en el otro plato de la balanza.

La balanza no se movía, así que siguió llenando el plato hasta que ya no tenía más espacio.

El tendero vio lo que había puesto, completamente disgustado.

Finalmente, quitó la lista del plato y la leyó con mayor asombro. No era una lista de mercancías. Era una oración, que decía: «Señor mío, tú sabes mis necesidades, y las pongo en tus manos.»

El tendero le dio las cosas que se habían juntado y se quedó de pie, frente a la balanza, atónito y en silencio.

Louise le dio las gracias y salió de la tienda.

El cliente le dio a John un billete de cincuenta dólares, y le dijo:

—¡Realmente valió cada centavo!

Fue un tiempo después que John Longhouse descubrió que la balanza estaba rota.

AUTOR DESCONOCIDO

Moraleja: *En resumen, sólo Dios sabe cuánto pesa una oración.*

SONRÍE

Soy madre de tres hijos de catorce, doce y tres años, respectivamente, y recientemente terminé mi carrera universitaria. La última clase que tomé fue sociología. La profesora estaba muy inspirada con las cualidades que yo deseaba ver, con las cuales cada ser humano había sido agraciado.

Su último proyecto fue titulado «SONRÍE». Pidió a la clase que saliera, le sonriera a tres personas y documentaran sus reacciones. Yo soy una persona muy sociable y siempre sonrío a todos y digo «hola», así es que pensé que esto sería pan comido.

Tan pronto nos fue asignado el proyecto, mi esposo, mi hijo pequeño y yo fuimos a McDonald's una fría mañana de marzo; era la manera de compartir un tiempo de juego con nuestro hijo.

Estábamos esperando ser atendidos cuando, de repente, todos se echaron hacia atrás, incluso mi esposo. Yo no me moví ni un centímetro, y un abrumador sentimiento de pánico me envolvió cuando me di la vuelta para ver qué pasaba.

Cuando me giré, percibí un horrible olor a «cuerpo sucio» y, junto a mí, estaban parados dos hombres pobres. Cuando miré al pequeño hombre que estaba cerca de mí, él sonreía, y sus hermosos ojos azul cielo estaban llenos de la luz de Dios, buscando aceptación. Él dijo:

—Buen día —mientras contaba las pocas monedas que traía.

El segundo hombre manoteaba junto a su amigo; creo que era deficiente mental, y el hombre de ojos azules era su salvación.

Contuve las lágrimas. La joven dependienta le preguntó «¿qué quería?». Él dijo:

—Café; es todo, señorita.

Porque era para lo único que tenían, ya que si querían sentarse en el restaurante para calentarse un poco tenían que consumir algo más.

Entonces realmente lo sentí; el impulso fue tan grande, que casi alcanzo al pequeño hombre para abrazarlo. Fue entonces que sentí todas las miradas en mí, juzgando mi acción.

Yo sonreí, y le pedí a la joven dependienta que me diera dos desayunos más en una bandeja; caminé hacia la mesa donde estaban los dos hombres sentados, puse la bandeja en su mesa y mi mano sobre la mano fría del pequeño hombre; él me miró con lágrimas en los ojos, y dijo:

—Gracias.

Yo me incliné dando palmaditas en su mano, y le dije:

—No lo hice por ustedes, «Dios esta aquí actuando a través de mí para darles esperanza».

Comencé a llorar mientras caminaba para reunirme con mi esposo e hijo.

Cuando me senté, mi marido sonrío y dijo:

—Es por eso que Dios te dio para mí, cariño, para darme esperanza.

Nos tomamos de las manos por un momento y, en ese instante, supimos la gracia con la que fuimos bendecidos para ser capaces de dar.

No pertenecemos a ninguna religión, pero creemos en un Dios universal.

Ese día me fue mostrada la luz dulce y amorosa de Dios. Yo regresé a la universidad, mi última clase nocturna, con esta historia en mano.

Entregué mi proyecto y la instructora lo leyó; entonces me miró, y preguntó:

—¿Puedo compartir esto?

Yo asentí lentamente, mientras ella pedía la atención de la clase. Comenzó a leer y me di cuenta que nosotros, como seres humanos y siendo parte de Dios, compartimos esta necesidad para sanar a la gente y ser sanados.

A mi manera, se lo hice sentir a la gente en McDonald's, a mi esposo, hijo, a la maestra y a cada alma en el salón de clases esa última noche como estudiante.

Me gradué con una de las lecciones más grandes que jamás hubiera aprendido:

«ACEPTACIÓN INCONDICIONAL»

AUTOR DESCONOCIDO

EL AMOR VERDADERO

Un famoso maestro se encontró frente a un grupo de jóvenes universitarios que estaban en contra del matrimonio.

Los muchachos argumentaban que el romanticismo constituye el verdadero sustento de las parejas y que es preferible acabar con la relación cuando ésta se apaga en lugar de entrar a la hueca monotonía del matrimonio.

El maestro les dijo que respetaba su opinión, pero les relató lo siguiente:

Mis padres vivieron cincuenta y cinco años casados. Una mañana, mi mamá bajaba las escaleras para prepararle a papá el desayuno y sufrió un infarto. Mi padre la alcanzó, la levantó como pudo y, casi a rastras, la subió a la camioneta. A toda velocidad, saltándose sin respetar los semáforos, condujo hasta el hospital. Cuando llegó, por desgracia, ya había fallecido.

Durante el funeral, mi padre no habló, su mirada estaba perdida y casi no lloró. Esa noche, sus hijos nos reunimos con él.

En un ambiente de dolor y de nostalgia recordamos hermosas anécdotas. Él pidió a mi hermano, teólogo, que le dijera dónde estaría mamá en ese momento; mi hermano comenzó a hablar de la vida después de la muerte, conjeturó cómo y dónde estaría ella.

Mi padre escuchaba con gran atención. De pronto, pidió: «¡Llévenme al cementerio!» «Papá —respondimos—, ¡son las once de la noche! No podemos ir al cementerio ahora.»

Alzó la voz y, con una mirada vidriosa, dijo: «No discutan conmigo, por favor; no discutan con el hombre que acaba de perder a la que fue su esposa por cincuenta y cinco años.»

Se produjo un momento de respetuoso silencio. No discutimos más. Fuimos al cementerio, pedimos permiso al velador y con una linterna llegamos a la lápida. Mi padre la acarició, rezó y nos dijo a sus hijos, que veíamos la escena conmovidos: «Fueron cincuenta y cinco buenos años... ¿Saben?, nadie puede hablar del amor verdadero si no tiene idea de lo que es compartir la vida con una mujer así —hizo una pausa y se limpió la cara—. Ella y yo estuvimos juntos en aquella crisis, en mi cambio de empleo —continuó—. Hicimos la mudanza cuando vendimos la casa y nos trasladamos de ciudad. Compartimos la alegría de ver a nuestros hijos terminar sus carreras, lloramos uno al lado del otro la partida de nuestros seres queridos, rezamos juntos en la sala de espera de algunos hospitales, nos apoyamos en el dolor, nos abrazamos en cada Navidad y perdonamos nuestros errores... Hijos, ahora se ha ido y estoy contento, ¿saben por qué? Porque se fue antes que yo, no tuvo que vivir la agonía y el dolor de enterrarme, de quedarse sola después de mi partida. Seré yo quien pase por eso, y le doy gracias a Dios. La amo tanto que no me hubiera gustado que sufriera...»

Cuando mi padre terminó de hablar, mis hermanos y yo teníamos el rostro empapado de lágrimas. Lo abrazamos y él nos consoló: «Todo está bien, hijos; podemos irnos a casa; ha sido un buen día.»

AUTOR DESCONOCIDO

Esa noche entendí lo que es el verdadero amor. Dista mucho del romanticismo; no tiene que ver demasiado con el erotismo, más bien se vincula al trabajo y al cuidado que se profesan dos personas realmente comprometidas. Cuando el maestro terminó de hablar, los jóvenes universitarios no pudieron debatirle. Ese tipo de amor era algo que no conocían.

RIQUEZA

Una vez, un padre de una familia acaudalada llevó a su hijo a un viaje por el campo con el firme propósito de que su hijo viera cuán pobres eran las gentes del campo.

Estuvieron por espacio de un día y una noche completos en una granja de una familia campesina muy humilde.

Al concluir el viaje, y de regreso a casa, el padre le pregunta a su hijo:

—¿Qué te pareció el viaje?

—¡Muy bonito, papá!

—¿Viste lo pobre que puede ser la gente?

—¡Sí!

—¿Y qué aprendiste?

—Vi que nosotros tenemos un perro en casa, ellos tienen cuatro. Nosotros tenemos una piscina que llega de largo a la mitad del jardín, ellos tienen un arroyo que no tiene fin. Nosotros tenemos unas lámparas importadas en el patio, ellos tienen las estrellas. Nuestro patio llega hasta la muralla de la casa, el de ellos tiene todo un horizonte. Ellos tienen tiempo para platicar y convivir en familia, tú y mi mamá tienen que trabajar todo el tiempo y casi nunca los veo.

Al terminar el relato, el padre se quedó mudo…, y su hijo agregó:

—¡¡¡Gracias, papá, por enseñarme lo ricos que podemos llegar a ser!!!

AUTOR DESCONOCIDO

LA CAJA LLENA DE BESOS

Hace ya un tiempo, un hombre castigó a su pequeña niña, de tres años, por desperdiciar un rollo de papel de envoltura dorada.

El dinero era escaso en esos días, por lo que explotó en furia cuando vio a la niña tratando de envolver una caja para ponerla debajo de un árbol de Navidad. Sin embargo, la niña le llevó el regalo a su padre la siguiente mañana, y dijo:

—Esto es para ti, papito.

Él se sintió avergonzado de su reacción de furia, pero éste volvió a explotar cuando vio que la caja estaba vacía. Le volvió a gritar, diciendo:

—¡¡¿No sabes que cuando das un regalo a alguien se supone que debe haber algo dentro?!!

La pequeñita miró hacia arriba, con lágrimas en los ojos, y dijo:

—¡Oh, papito! No está vacía; yo soplé besos dentro de la caja; todos para ti, papá.

El padre se sintió morir; puso sus brazos alrededor de su niña y le suplicó que lo perdonara.

Se ha dicho que el hombre guardó esa caja dorada cerca de su cama por años y siempre que se sentía derrumbado, tomaba de la caja un beso imaginario y recordaba el amor que su niña había puesto ahí.

Autor desconocido

En una forma muy sensible, cada uno de nosotros, los humanos, hemos recibido un recipiente dorado, lleno de amor incondicional y besos de nuestros hijos, padres, amigos, familia o de Dios. Nadie podría tener una propiedad o posesión más hermosa que ésta. Valoremos el tesoro que tenemos...

MAÑANA PUEDE SER MUY TARDE

Había una vez… un chico que nació con cáncer. Un cáncer que no tenía cura.

Con diecisiete años, podría morir en cualquier momento. Siempre vivió en su casa, bajo el cuidado de su madre. Ya estaba harto y decidió salir solo por una vez. Le pidió permiso a su madre, y ella aceptó.

Caminando por su calle, vio muchos comercios. Al pasar por una tienda de música, y al mirar hacia el mostrador, observó la presencia de una niña muy tierna de su misma edad.

Fue amor a primera vista.

Abrió la puerta y entró, sin mirar nada que no fuera ella. Acercándose poco a poco, llegó al mostrador donde ella se encontraba. Lo miró, y le dijo sonriente:

—¿Te puedo ayudar en algo?

Mientras, él pensaba que era la sonrisa más hermosa que había visto en toda su vida. Sintió el deseo de besarla en ese mismo instante.

Tartamudeando, le dijo:

—Sí. ¡Eh! ¡Hmmm!… Me gustaría comprar un CD —sin pensar, tomó el primero que vio y le dio el dinero.

—¿Quieres que te lo envuelva? —preguntó la niña, sonriendo de nuevo.

Él respondió que sí, moviendo la cabeza; y ella fue a la trastienda para volver con el paquete envuelto y entregárselo. Él lo tomó y salió de la tienda. Se fue a su casa, y desde ese día en adelante visitó la tienda todos los días para comprar un CD.

Siempre se los envolvía la niña para luego llevárselos a su casa y colocarlos en su *closet*. Él era muy tímido para invitarla a salir y, aunque lo intentaba, no podía.

Su mamá se enteró de esto e intento animarle a que se atreviera; así que, al siguiente día, se armó de coraje y se dirigió a la tienda. Como todos los días, compró un CD; y como siempre, ella se fue a la trastienda para envolverlo. Él tomó el CD y, mientras ella no estaba mirando, rápidamente dejó su teléfono en el mostrador y salió corriendo de la tienda.

«¡¡Rinnng!!» Su mamá contestó.

Bueno. ¡Era la niña!

Preguntó por su hijo y la madre, desconsolada, comenzó a llorar, mientras decía:

—¿Qué? ¿No sabes? Murió ayer.

Hubo un silencio prolongado, excepto los lamentos de su madre. Más tarde, la mamá entró en el cuarto de su hijo para recordarlo. Ella decidió empezar por ver su ropa, así que abrió su *closet*. Para su sorpresa, se topó con montones de CD envueltos. Ni uno estaba abierto.

Le causó curiosidad ver tantos y no se resistió; tomó uno y se sentó sobre la cama para verlo; al hacer esto, un pequeño pedazo de papel salió de la cajita plástica. La mamá lo recogió para leerlo, y decía:

«¡Hola! Estás superguapo, ¿quieres salir conmigo?

»TQM (Te Quiero Mucho), Sofía.»

De tanta emoción, la madre abrió otro y otro pedazo de papel en varios CD, y todos decían lo mismo.

AUTOR DESCONOCIDO

Moraleja: *Así es la vida; no esperes demasiado para decirle a ese alguien especial lo que sientes. Díselo hoy. Mañana puede ser muy tarde.*

EL HIJO

Un hombre rico, y su hijo, tenían gran pasión por el arte. Tenían de todo en su colección: desde Picasso hasta Rafael. Muy a menudo, se sentaban juntos a admirar las grandes obras de arte.

Desgraciadamente, el hijo fue a la guerra. Fue muy valiente y murió en la batalla mientras rescataba a otro soldado. El padre recibió la noticia y sufrió profundamente la muerte de su único hijo.

Un mes más tarde, justo antes de la Navidad, alguien llamó a la puerta.

Un joven con un gran paquete en sus manos, dijo al padre:

—Señor, usted no me conoce, pero yo soy el soldado por quien su hijo dio la vida. Él salvó muchas vidas ese día, y me estaba llevando a un lugar seguro cuando una bala le atravesó el pecho, muriendo así instantáneamente. Él hablaba muy a menudo de usted y de su amor por el arte.

El muchacho extendió los brazos para entregar el paquete:

—Yo sé que esto no es mucho. Yo no soy un gran artista, pero creo que a su hijo le hubiera gustado que usted recibiera esto.

El padre abrió el paquete.

Era un retrato de su hijo, pintado por el joven soldado. Él contempló con profunda admiración la manera en que el soldado había plasmado la personalidad de su hijo en la pintura.

El padre estaba tan atraído por la expresión de los ojos de su hijo, que los suyos propios se llenaron de lágrimas.

Le agradeció al joven soldado el detalle y ofreció pagarle por el cuadro.

—¡Oh no, señor! Yo nunca podría pagarle lo que su hijo hizo por mí. Es un regalo.

El padre colgó el retrato arriba de la repisa de su chimenea.

Cada vez que los visitantes e invitados llegaban a su casa, les mostraba el retrato de su hijo antes de mostrar su famosa galería.

El hombre murió unos meses más tarde y se anunció una subasta con todas las pinturas que poseía.

Mucha gente importante e influyente acudió, con grandes expectativas, de hacerse con un famoso cuadro de la colección.

Sobre la plataforma estaba el retrato del hijo.

El subastador golpeó su mazo para dar inicio a la subasta.

—Empezaremos el remate con este retrato del hijo. ¿Quién ofrece por este retrato?

Hubo un gran silencio.

Entonces, una voz del fondo de la habitación gritó:

—¡Queremos ver las pinturas famosas! ¡Olvídese de ésa!

Sin embargo, el subastador persistió:

—¿Alguien ofrece algo por esta pintura? ¿Cien dólares? ¿Doscientos dólares?

Otra voz gritó, con enojo:

—¡No venimos por esa pintura! Venimos por los Van Gogh, los Rembrandts. ¡Vamos a las ofertas de verdad!

Pero, aun así, el subastador continuaba su labor:

—¡*El hijo*! ¡*El hijo*! ¿Quién se lleva *El hijo*?

Finalmente, una voz se oyó desde muy atrás de la habitación:

—Yo doy diez dólares por la pintura.

Era el viejo jardinero del padre y del hijo. Siendo un hombre muy pobre, era lo único que podía ofrecer.

—¡Tenemos diez dólares! ¿Quién da veinte dólares? —gritó el subastador.

La multitud se estaba enojando mucho.

No querían la pintura de *El hijo*. Querían las que representaban una valiosa inversión para sus propias colecciones. El subastador golpeó, por fin, el mazo:

—Va una, van dos, ¡VENDIDA por diez dólares!

—¡Empecemos con la colección! —gritó uno.

El subastador soltó su mazo y dijo:

—Lo siento mucho, damas y caballeros, pero la subasta llegó a su final.

—Pero ¿qué hay de las pinturas? —dijeron los interesados.

—Lo siento —contestó el subastador—. Cuando me llamaron para conducir esta subasta, me comunicaron de un secreto estipulado en el testamento del dueño. Yo no tenía permitido revelar esta estipulación hasta este preciso momento. Solamente la pintura de *El hijo* sería subastada. Aquel que la comprara heredaría absolutamente todas las posesiones de este hombre, incluyendo las famosas pinturas. ¡El hombre que compró *El hijo* se queda con todo!

AUTOR DESCONOCIDO

El valor de lo simple… de lo amoroso. Él no podía ofrecer más que diez dólares, pero por su corazón, por tener la sensibilidad de ver el valor que tenía ese retrato del hijo… se lo llevó todo…

EL VALOR DE LOS AMIGOS

Un día, cuando ingresé en preparatoria, vi a un chico de mi clase caminando hacia su casa desde la escuela; su nombre era Kyle y estaba cargando con todos sus libros.

«¿Por qué alguien trae todos sus libros a casa en viernes? ¡Debe ser un perno!», pensé.

Tenía planeado un gran fin de semana (fiestas y un partido de fútbol el sábado por la tarde), así que sólo me encogí de hombros y seguí mi camino. Mientras caminaba, vi a un grupo de chicos corriendo hacia Kyle. Le tiraron los libros que traía cargando y lo empujaron para que cayera al suelo. Sus anteojos salieron volando y vi cómo cayeron en el césped, a unos tres metros de él. Miró hacia arriba y observé una terrible tristeza en sus ojos. Mi corazón se volcó hacia él. Corrí hacia él y mientras se arrastraba hacia sus anteojos, vi lágrimas en sus ojos.

Mientras le entregaba sus anteojos, le dije:

—Esos tipos son unos idiotas. Deberían entretenerse de otra forma.

Me miró, y dijo:

—Oye, ¡gracias!

Había una enorme sonrisa en su cara. Era una de esas sonrisas que mostraba auténtica gratitud. Le ayudé a recoger sus libros y le pregunté dónde vivía.

Resultó que vivía cerca de mi casa, así que le pregunté por qué nunca lo había visto en el vecindario.

Dijo que había ido a una escuela privada anteriormente (yo nunca me había juntado con un chico de una escuela privada).

Hablamos en el camino a casa. Resultó ser un chico muy agradable. Lo invité a jugar al fútbol conmigo y con mis amigos el sábado en la mañana, y aceptó.

Pasamos juntos el fin de semana y mientras más lo conocía, más me agradaba. Mis amigos pensaban lo mismo. Llegó la mañana del lunes y allí estaba Kyle de nuevo, con su enorme montón de libros. Lo detuve y le dije que si continuaba así, iba a conseguir muy buenos músculos. Él, simplemente, se rió y me pasó la mitad de los libros.

Durante los siguientes cuatro años, Kyle y yo nos convertimos en los mejores amigos.

Cuando estábamos en el último curso de secundaria, empezamos a pensar en la universidad.

Kyle eligió Georgetown, mientras que yo escogí Duke. Yo sabía que siempre seríamos amigos y que la distancia nunca sería un problema.

Él decidió convertirse en doctor, mientras que yo conseguí una beca para estudiar en la escuela de negocios. Le molestaba todo el tiempo de que era un matado. Incluso fue de los primeros seleccionados por las universidades y se estaba preparando para el discurso del día de graduación.

Me alegré de no tener que ser yo el que tuviera que pasar al frente y hablar.

El día de la graduación, Kyle lucía fantástico. Se adaptaba e incluso se veía bien con anteojos. Tenía más citas que yo y todas las chicas lo amaban. Bueno, algunas veces estaba realmente celoso de él.

Hoy era uno de esos días en que él estaba nervioso. Así que le di una palmadita en la espalda, y le dije:

—Oye, amigo, estarás genial.

Me miró con una de esas miradas (de agradecimiento), sonrió y dijo:

—¡Gracias!

Mientras empezaba su discurso, aclaró su garganta, y empezó...

—El período de graduación es el de agradecer a aquellos que nos ayudaron a lograrlo a través de esos años difíciles; nuestros padres, nuestros maestros, nuestros hermanos, tal vez un entrenador... Pero más que nada, a los amigos. Estoy aquí para decirles que ser un amigo es el mejor regalo que le puedes dar a una persona. Les voy a contar una historia —prosiguió.

(Yo miraba incrédulamente a mi amigo mientras contaba la historia del primer día en que nos conocimos.)

—Había planeado suicidarme ese fin de semana —dijo.

Nos contó acerca de cómo había vaciado su taquilla para que su mamá no tuviera que hacerlo después, y estaba llevando sus cosas a casa.

Me miró profundamente y me regaló una sonrisa.

—¡Gracias a Dios, fui salvado! Mi amigo me salvó de hacer lo indecible.

Oí una exclamación de la multitud, mientras este guapo y popular muchacho nos comentó acerca de su momento de debilidad. Yo vi a sus padres mirándome y sonriendo agradecidamente.

Hasta ese momento no me había dado cuenta de la profundidad de esto.

AUTOR DESCONOCIDO

Moraleja: *Nunca subestimes el poder de tus acciones. Con un pequeño gesto puedes cambiar la vida de una persona. Para bien o para mal, Dios nos puso a cada uno en la vida para afectar a otros de alguna manera.*

Busca a Dios en los demás. Y recuerda:

«Los amigos son ángeles que nos ponen en pie cuando nuestras alas tienen problemas de recordar cómo volar.»

LA ACTITUD INTERIOR LO ES TODO

Samuel era el tipo de persona que te encantaría odiar. Siempre estaba de buen humor y siempre tenía algo positivo que decir. Cuando alguien le preguntaba cómo le iba, él respondía:

—Para poder estar mejor tendría que ser mi gemelo.

Era un gerente de restaurante único, porque tenía varias meseras que lo habían seguido de restaurante en restaurante. La razón por la que las meseras seguían a Samuel era por su actitud interior. Él era un motivador natural.

Si un empleado tenía un mal día Samuel estaba allí para decirle cómo ver el lado positivo de la situación.

Ver este estilo de persona realmente me causó curiosidad, así que un día fui a buscar a Samuel, y le pregunté:

—No lo entiendo... No es posible ser una persona tan positiva todo el tiempo... ¿Cómo lo haces?

Samuel respondió:

—Cada mañana me despierto y me digo a mí mismo: ¡Samuel, tienes dos opciones hoy! Puedes escoger estar de buen humor o puedes escoger estar de mal humor. Elijo estar de buen humor. Cada vez que sucede algo malo puedes escoger entre ser una víctima o aprender de ello. Cada vez que alguien viene a mí para quejarse, puedo aceptar su queja o puedo señalarle el lado positivo de la vida. Elijo el lado positivo de la vida.

—Sí, claro. Pero no es tan fácil —protesté.

—¡Sí, lo es! —dijo Samuel—. Cuando quitas todo lo demás, todo en la vida es asunto de elegir. Cada situación es una elección. Tú eliges cómo reaccionar en cada situación. Tú eliges cómo la gente afectará tu estado de ánimo. Tú eliges estar de buen humor o de mal humor. En resumen: «TÚ ELIGES CÓMO VIVIR LA VIDA.»

Reflexioné en lo que Samuel me dijo. Poco tiempo después, dejé el rubro de los restaurantes para iniciar mi propio negocio. Perdimos el contacto, pero cuando tenía que hacer una elección en la vida, con frecuencia seguía el ejemplo de Samuel en vez de reaccionar contra ella.

Varios años más tarde me enteré que Samuel hizo algo que nunca debe hacerse en un restaurante. Dejó la puerta trasera abierta una mañana y fue asaltado por tres ladrones armados.

Mientras era forzado a abrir la caja fuerte sus dedos, temblando por el nerviosismo, resbalaban en las combinaciones. Los asaltantes sintieron pánico y le dispararon.

Con mucha suerte, Samuel fue encontrado relativamente pronto y llevado a urgencias a un hospital. Después de dieciocho horas de cirugía y semanas de terapia intensiva, Samuel fue dado de alta, aún con fragmentos de bala en el cuerpo.

Me encontré con Samuel seis meses después del accidente. Cuando le pregunté cómo estaba, me respondió:

—Para poder estar mejor tendría que ser mi gemelo.

Le pregunté qué pasó por su mente en el momento del asalto. Contestó:

—Lo primero que vino a mi mente fue que debí haber cerrado la puerta con llave. Cuando estaba tirado en el piso, recordé que tenía dos opciones: podía elegir vivir o podía elegir morir. Elegí vivir.

—¿No sentiste miedo? —le pregunté.

Samuel continuó:

—Los médicos fueron geniales. No dejaban de decirme que todo iba a salir bien. Pero cuando me llevaron al quirófano y vi las expresiones en las caras de médicos y enfermeras, realmen-

te me asusté. Podía leer en sus ojos: «Es hombre mueeeerto...»
Supe entonces que debía tomar una decisión.

—¿Qué hiciste? —pregunté.

—Bueno, uno de los médicos me preguntó si era alérgico a
algo, y respirando profundamente grité:

—Sí, a las balas.

Mientras reían, les dije:

—¡Muchachos, estoy escogiendo vivir! Opérenme como si
estuviera vivo, no muerto.

AUTOR DESCONOCIDO

Samuel vivió por la pericia de los médicos, pero sobre
todo por su asombrosa actitud interior. Aprendí que cada
día tenemos plenamente la elección de vivir. La actitud in-
terior, finalmente, lo es todo.

UNA LINDA HISTORIA DE AMOR

Las rosas rojas eran sus favoritas. Su nombre también era Rosa.

Cada año, su esposo se las mandaba atadas con un bonito lazo.

El año que él murió, le entregaron las rosas a su puerta, con una tarjeta que decía: «Sé muy valiente», igual que los años anteriores.

Cada año le enviaba rosas y la tarjetita siempre decía: «Te amo más este año que el año pasado, en este día. Mi amor crece con cada año que transcurre.»

Ella sabía que ésta sería la última vez que recibiría rosas.

Pero pensó que, tal vez, las había encargado antes de morir, puesto que no sabía lo que iba a suceder. A él siempre le gustaba adelantarse, haciendo todo por si acaso estuviera muy ocupado para hacerlas en la fecha indicada.

Por eso ella cortaba los tallos y las colocaba en un florero muy especial, que ponía a un lado de su retrato. Después, se sentaba horas enteras viendo el retrato y las flores. Pasó un año y era muy difícil vivir sin su pareja.

La soledad la había invadido y parecía su destino. Pero entonces, igual que en otros días de San Valentín, llamaron a la puerta y encontró las rosas. Entró con ellas en las manos y, con gran asombro, tomó el teléfono y llamó al florista.

Le contestó el dueño, y ella le pidió que le explicara...

—¿Quién quería causarle tanto daño?

La respuesta fue:

—Sé que su esposo murió hace más de un año y sabía que usted me llamaría. Las flores que usted acaba de recibir fueron previamente pagadas. Su esposo siempre adelantaba las cosas sin dejar nada al devenir. Hay un pedido en su expediente, pagado por adelantado, para que reciba estas flores cada año.

»También debe saber otra cosa: hay una notita especial escrita en una tarjeta. Esto lo hizo hace muchos años. Ésta dice que si yo me enterase que él ya no está, esta tarjeta se la debo enviar a usted al año siguiente.

Rosa se mostró agradecida y colgó, hecha un mar de lágrimas; con las manos temblorosas, y lentamente, tomó la tarjeta con la nota. Se quedó observando la tarjeta en un silencio total.

Leyó lo siguiente:

Hola, mi amor; sé que hace más de un año que me fui. Espero no haya sido muy penoso recuperarte; sé lo solita que debes de estar, y sé que el dolor es verdadero, pues si fuera diferente sé cómo yo me sentiría. El amor que compartimos hizo que todo en la vida se viera hermoso. Te quise más de lo que cualquier palabra puede expresar.

Tú fuiste la esposa perfecta; fuiste mi amiga y amante, llenaste todo lo que anhelaba. Sé que sólo ha pasado un año, pero te pido que, por favor, no sufras más. Quiero que seas feliz, aunque derrames lágrimas. Por eso las rosas te llegarán todos los años. Cuando las recibas, piensa en la felicidad que tuvimos juntos y cómo fuimos bendecidos.

Siempre te amé y te seguiré amando, pero tú tienes que seguir viviendo.

Por favor, trata de encontrar felicidad mientras vivas. Sé que no será fácil, pero también sé que encontrarás la forma. Las rosas te seguirán llegando cada año, hasta el día en que no haya quién abra la puerta.

El florista ha recibido instrucciones de llamar a tu puerta cinco veces el mismo día, por si saliste.

El día que ya nadie la abra, sabrá adónde llevar las flores...

En donde estemos reunidos...

AUTOR DESCONOCIDO

En la vida hay veces que encontramos seres especiales, alguien que cambia nuestra vida con sólo ser parte de ella.

Alguien que nos hace creer que hay algo muy bonito y muy bueno en el mundo.

Alguien que nos convence que hay una puerta cerrada que se abre con la eterna amistad.

EL PUENTE

No hace mucho tiempo, dos hermanos que vivían en granjas adyacentes cayeron en un conflicto. Éste fue el primer conflicto serio que tenían en cuarenta años de cultivar juntos, hombro a hombro, compartiendo maquinaria e intercambiando cosechas y bienes en forma continua.

Esta larga y beneficiosa colaboración terminó repentinamente. Comenzó con un pequeño malentendido y fue creciendo hasta llegar a ser una diferencia mayor entre ellos, hasta que explosionó en un intercambio de palabras amargas seguido de semanas de silencio.

Una mañana, alguien llamó a la puerta de Luis. Al abrir la puerta, encontró a un hombre con herramientas de carpintero.

—Estoy buscando trabajo por unos días —dijo el extraño—. Quizás usted requiera algunas pequeñas reparaciones aquí, en su granja, y yo pueda ser de ayuda en eso.

—Sí —dijo el mayor de los hermanos—, tengo un trabajo para usted. Mire al otro lado del arroyo, hacia aquella granja: ahí vive mi vecino; bueno, de hecho, es mi hermano menor. La semana pasada había una hermosa pradera entre nosotros y él tomó su bulldozer y desvió el cauce del arroyo para separar las fincas. Bueno, él pudo haber hecho esto para enfurecerme, pero le voy a hacer una mejor. ¿Ve usted aquella pila de desechos de madera junto al granero? Quiero que construya una cerca; una cerca de dos metros de alta, ¡no quiero verlo nunca más!

El carpintero le dijo:

—Creo que comprendo la situación. Muéstreme dónde están los clavos y la pala para hacer los hoyos de los postes, y le entregaré un trabajo que lo dejará satisfecho.

El hermano mayor le ayudó al carpintero a reunir todos los materiales y dejó la granja por el resto del día para ir por provisiones al pueblo.

El carpintero trabajó duro todo el día midiendo, cortando, clavando…

Cerca del ocaso, cuando el granjero regresó, el carpintero justo había terminado su trabajo. El granjero quedó con los ojos completamente abiertos; su mandíbula cayó. No había ninguna cerca de dos metros.

En su lugar, había un puente que unía las dos granjas a través del arroyo.

Era una fina pieza de arte, con pasamanos y todo.

En ese momento, su vecino, su hermano menor, vino desde su granja y abrazando a su hermano, le dijo:

—¡Eres un gran tipo! Mira que construir este hermoso puente después de lo que he hecho y dicho.

Estaban en su reconciliación los dos hermanos cuando vieron que el carpintero tomaba sus herramientas.

—No, espera. ¡Quédate unos cuantos días!, tengo muchos proyectos para ti —le dijo el hermano mayor al carpintero.

—Me gustaría quedarme —dijo el carpintero—, pero… tengo muchos puentes por construir.

AUTOR DESCONOCIDO

VALORAR

Dos amigas se encontraban tomando un café, y una le comenta en tono de queja a la otra:

—Mi mamá me llama mucho por teléfono para pedirme que vaya a conversar con ella. Yo voy poco y, en ocasiones, siento que me molesta su forma de ser. Ya sabes cómo son los viejos. Cuentan las mismas cosas una y otra vez. Además, nunca me faltan compromisos; que el trabajo, que mi novio, que los amigos…

—Yo, en cambio —le dijo su compañera—, hablo mucho con mi mamá. Cada vez que estoy triste, voy con ella; cuando me siento sola, cuando tengo un problema y necesito fortaleza, acudo a ella y me siento mejor.

—Caramba —se apenó la otra—. Eres mejor que yo.

—No lo creas, soy igual que tú —respondió la amiga, con tristeza—. Visito a mi mamá en el cementerio. Murió hace tiempo, pero mientras estuvo conmigo tampoco yo iba a charlar con ella y pensaba lo mismo que tú.

»No sabes cuánta falta me hace su presencia, cuánto la echo de menos y cuánto la busco ahora que ha partido.

»Si de algo te sirve mi experiencia, conversa con tu mamá hoy, que todavía la tienes; valora su presencia resaltando sus virtudes, que seguro las tiene, y trata de hacer a un lado sus errores, que de una forma u otra ya forman parte de su ser. No esperes a que esté en un panteón, porque ahí la reflexión duele hasta el fondo del alma, porque entiendes que ya nunca podrás hacer lo que dejaste pendiente; será un hueco que nunca podrás llenar; no permitas que te pase lo que me ocurrió a mí.

En el automóvil, iba pensando la muchacha en las palabras de su amiga.

Cuando llegó a la oficina, dijo a su secretaria:

—Comuníqueme, por favor, con mi mamá. No me pase más llamadas y también modifique mi agenda, ¡¡porque es muy probable que este día se lo dedique a ella!!

AUTOR DESCONOCIDO

¡¡¡ESTO NO SÓLO SE REFIERE A LOS PADRES!!!

UN MENSAJE MUY ESPECIAL

Ruth fue a su buzón de correo y sólo había una carta. Ella la tomó y la miró antes de abrirla, y observó que tenía su nombre y dirección.

Ella leyó:

«Querida Ruth: Voy a estar en tu barrio el sábado en la tarde y quisiera verte. Te quiere siempre, Dios.»

Sus manos temblaban mientras colocaba la carta en la mesa.

«¿Por qué Dios querrá visitarme si no soy nadie especial?» También se dio cuenta que no tenía nada que ofrecerle; pensando en eso, ella recordó su alacena vacía.

—¡Oh, no tengo nada que ofrecerle! Tengo que ir al supermercado y comprar algo para la cena —tomó su cartera, que contenía cinco dólares—. Bueno, puedo comprar pan y embutidos, por lo menos.

Se puso el abrigo y corrió a la puerta. Compró un molde de pan francés, medio kilo de jamón de pavo y una caja de leche, lo que le dejó con tan sólo doce centavos hasta el lunes.

Se sentía bien a medida que se acercaba a su casa con su humilde compra bajo el brazo.

—Señorita, por favor, ¿puede ayudarnos?

Ruth había estado tan sumergida en sus planes para la cena que no había observado dos figuras acurrucadas en la acera.

Un hombre y una mujer, ambos vestidos de andrajos.

—Mire, señorita, no tengo trabajo y mi esposa y yo hemos

estado viviendo en las calles, nos estamos congelando y tenemos mucha hambre; si usted nos pudiera ayudar se lo agradeceríamos mucho.

Ruth los miró. Ellos estaban sucios, malolientes, y pensó que si ellos en verdad quisieran trabajar ya habrían conseguido algo.

—Señor, me gustaría ayudarles, pero soy pobre también. Todo lo que tengo es un poco de pan y jamón, y tendré un invitado especial a cenar esta noche y pensaba darle esto de comer.

—Esta bien, comprendo. Gracias de todas maneras.

El hombre puso su brazo sobre los hombros de la mujer y se fueron rumbo al callejón. Ella los miraba alejarse y sintió mucho dolor en su corazón.

—Señor, espere —la pareja se detuvo, mientras ella corría hacia ellos—. Por qué no toman esta comida; puedo servirle otra cosa a mi invitado —dijo ella, mientras le entregaba la bolsa del supermercado.

—¡¡Gracias, muchas gracias señorita!!

—Sí, gracias —le dijo la mujer, y Ruth pudo ver que estaba temblando de frío.

—Sabe, tengo otro abrigo en casa; tome éste —mientras hablaba, se lo iba poniendo sobre los hombros.

Ella regresó a casa sonriendo y sin su abrigo ni comida que ofrecer a su invitado.

Se estaba desanimando a medida que se acercaba a la puerta de su casa, pensando que no tenía nada que ofrecer al Señor.

Cuando metió la llave en la cerradura, observó otro sobre en su buzón.

—¡Qué raro! Normalmente, el cartero no viene dos veces el mismo día.

Ella tomó el sobre y lo abrió:

«Querida Ruth: Fue muy agradable verte de nuevo. Gra-

cias por la comida y gracias también por el hermoso abrigo.
Te quiere siempre,
    Tu padre, Dios.»

AUTOR DESCONOCIDO

A veces, es difícil encontrar a Dios en las pequeñas cosas que nos rodean, y más en las personas que a veces nos son desagradables; pero es precisamente ALLÍ donde él quiere que le encontremos: ¡¡¡en cada pequeña y hermosa cosa que está hecha para nosotros!!!

MEDIA FRAZADA

Don Roque era ya un anciano cuando murió su esposa.

Durante largos años había trabajado con ahínco para sacar adelante a su familia.

Su mayor deseo era ver a su hijo convertido en un hombre de bien, respetado por los demás, ya que para lograrlo dedicó su vida y su escasa fortuna.

A los setenta años, don Roque se encontraba sin fuerzas, sin esperanzas, solo y lleno de recuerdos.

Esperaba que su hijo, ahora brillante profesional, le ofreciera su apoyo y comprensión, pero veía pasar los días sin que éste apareciera y decidió, por primera vez en su vida, pedirle un favor.

Don Roque llamó a la puerta de la casa donde vivía el hijo con su familia.

—¡Hola, papá! Qué milagro que vienes por aquí…

—Ya sabes que no me gusta molestarte, pero me siento muy solo; además, estoy cansado y viejo.

—Pues a nosotros nos da mucho gusto que vengas a visitarnos, ya sabes que ésta es tu casa.

—Gracias, hijo. Sabía que podía contar contigo, pero temía ser un estorbo. Entonces, ¿no te molestaría que me quedara a vivir con vosotros? ¡Me siento tan solo!

—¿Quedarte a vivir aquí? Sí… claro… Pero no sé si estarías a gusto. Tú sabes, la casa es chica… mi esposa es muy especial… y luego los niños…

—Mira, hijo, si te causo muchas molestias, olvídalo. No te preocupes por mí, alguien me tenderá la mano.

—No, padre, no es eso. Sólo que… no se me ocurre dónde podrías dormir. No puedo sacar a nadie de su cuarto, mis hijos no me lo perdonarían… O sólo que no te moleste…

—¿Qué hijo?

—Dormir en el patio…

—Dormir en el patio, está bien.

El hijo de don Roque llamó a su hijo de doce años.

—Dime, papá.

—Mira, hijo, tu abuelo se quedará a vivir con nosotros. Tráele una frazada para que se tape en la noche.

—Sí, con gusto… ¿Y dónde va dormir?

—En el patio; no quiere que nos incomodemos por su culpa.

Luis subió por la frazada, tomó unas tijeras y la cortó en dos. En ese momento llegó su padre.

—¿Qué haces, Luis? ¿Por qué cortas la frazada de tu abuelo?

—Sabes, papá, estaba pensando…

—¿Pensando en qué?

—En guardar la mitad de la frazada para cuando tú seas ya viejo y vayas a vivir a mi casa.

Autor desconocido

Moraleja: *Lo que sembremos, vamos a cosechar…*

EL BEBER Y CONDUCIR NO SE DEBEN NUNCA MEZCLAR

Fui a la fiesta, mamá. Recordé lo que me dijiste. Me dijiste que no bebiera; así que, en cambio, bebí refresco.

Realmente me sentía orgullosa por dentro, de la manera que dijiste que sucedería.

Sé que hice lo correcto, mamá; yo sé que siempre tienes razón.

Ahora, la fiesta está acabando finalmente, mientras todos se alejan conduciendo.

Cuando entré en mi automóvil, yo supuse que llegaría a casa ilesa. Debido a la manera que me educaste, tan responsable y dulcemente.

Empecé a alejarme en mi coche, mamá; pero cuando llegué al camino, otro automóvil no me vio y me pegó como una carga. Cuando estaba allí, en el pavimento, mamá, oía al policía decir que el otro tipo está ebrio, y ahora yo soy quien pagará.

Estoy recostada aquí, muriendo, mamá… ¡¡¡Deseo que llegues pronto!!!

¿Cómo podía pasarme esto a mí? Mi vida acaba de estallar como un globo. Oigo que el médico dice que me moriré en poco tiempo; sólo quería decirte, mamá, ¡te juro que no bebí! Eran los otros.

Los otros no pensaron. Él, probablemente, estaría en la misma fiesta que yo; la única diferencia es que él bebió y yo… me iré de este mundo.

¿Por qué beben las personas? Pueden destrozar su vida entera.

Estoy sintiendo dolores punzantes ahora. Dolores igual que un cuchillo.

El tipo que colisionó conmigo está caminando, mamá, y yo pienso que eso no es justo. Estoy aquí muriendo, y todo y lo único que él puede hacer es mirar.

Dile a mi hermano que no llore. Dile a papá que sea valiente. Mamá, quiero que pongan «La niña de papá» en mi tumba.

Alguien le debería haber dicho que no bebiera y condujera al mismo tiempo. Si se lo hubieran dicho, yo todavía estaría aquí. Mi respiración está recortándose, me estoy asustando mucho.

Por favor, no lloren por mí, mamá. Cuando yo te necesité, siempre estabas allí. Tengo una última pregunta antes de decir adiós.

—No bebí y conduje, así que... ¿por qué soy yo la que muere?

A la memoria de mi hermana Carlita.
(15/04/1981 - 10/01/2000).

Autor desconocido

LA VASIJA AGRIETADA

Un cargador de agua de la India tenía dos grandes vasijas, que colgaban a los extremos de un palo y que llevaba encima de los hombros.

Una de las vasijas tenía varias grietas, mientras que la otra era perfecta y conservaba todo el agua al final del largo camino a pie, desde el arroyo hasta la casa de su patrón; pero cuando llegaba, la vasija rota sólo contenía la mitad del agua.

Durante dos años completos esto fue así diariamente; desde luego, la vasija perfecta estaba muy orgullosa de sus logros, pues se sabía perfecta para los fines para los que fue creada.

Pero la pobre vasija agrietada estaba muy avergonzada de su propia imperfección y se sentía miserable porque sólo podía hacer la mitad de todo lo que se suponía que era su obligación.

Después de dos años, la tinaja quebrada le habló al aguador, diciéndole:

—Estoy avergonzada y me quiero disculpar contigo porque, debido a mis grietas, sólo puedes entregar la mitad de mi carga y sólo obtienes la mitad del valor que deberías recibir.

El aguador, apesadumbrado, le dijo compasivamente:

—Cuando regresemos a la casa quiero que observes las bellísimas flores que crecen a lo largo del camino.

Así lo hizo la vasija. Y, en efecto, vio muchísimas flores hermosas a lo largo del trayecto; pero de todos modos se sintió apenada porque, al final, sólo quedaba dentro de sí la mitad del agua que debía llevar.

El aguador le dijo entonces:

—¿Te diste cuenta de que las flores sólo crecen en tu lado del camino? Siempre he sabido de tus grietas y quise sacar el lado positivo de ello. Sembré semillas de flores a todo lo largo del camino por donde vas y todos los días las has regado, y por dos años yo he podido recoger estas flores para decorar el altar de mi maestro. Si no fueras exactamente como eres, con tus defectos y todo, no hubiera sido posible crear esta belleza.

AUTOR DESCONOCIDO

Moraleja: *Cada uno de nosotros tiene sus propias grietas. Todos somos vasijas agrietadas, pero debemos saber que siempre existe la posibilidad de aprovechar las grietas para obtener buenos resultados.*

EL CARPINTERO

Un carpintero, ya entrado en años, estaba listo para jubilarse. Le dijo a su jefe de sus planes de dejar el negocio de la construcción para llevar una vida más placentera con su esposa y disfrutar de su familia.

Él iba a extrañar su cheque mensual, pero necesitaba retirarse. Ellos superarían esta etapa de alguna manera.

El jefe sentía que su buen empleado dejara la compañía y le pidió que si podría construir una sola casa más, como un favor personal.

El carpintero accedió, pero se veía fácilmente que no estaba poniendo el corazón en su trabajo.

Utilizaba materiales de inferior calidad y el trabajo era deficiente.

Era una desafortunada manera de terminar su carrera.

Cuando el carpintero terminó su trabajo y su jefe fue a inspeccionar la casa, éste le extendió al carpintero las llaves de la puerta principal.

—Ésta es tu casa —dijo—. Es mi regalo para ti.

AUTOR DESCONOCIDO

¡Qué tragedia! ¡Qué pena! Si solamente el carpintero hubiera sabido que estaba construyendo su propia casa, la hubiera hecho de manera totalmente diferente.

Ahora tendría que vivir en la casa que construyó «no muy bien», que digamos.

Así pasa con nosotros. Construimos nuestras vidas de manera distraída, reaccionando cuando deberíamos actuar, dispuestos a poner en ello menos que lo mejor.

En puntos importantes, no ponemos lo mejor de nosotros en nuestro trabajo.

Entonces, con pena, vemos la situación que hemos creado y encontramos que estamos viviendo en la casa que hemos construido.

Si lo hubiéramos sabido antes, la habríamos hecho diferente.

Piensen como si fueran el carpintero. Piensen en su casa. Cada día clavamos un clavo, levantamos una pared o edificamos un techo.

«Construyan con sabiduría.»

¿Quién podría decirlo más claramente? Su vida, ahora, es el resultado de sus actitudes y elecciones del pasado. Su vida, mañana, será el resultado de sus actitudes y elecciones hechas HOY.

MAMÁ

Cuenta la leyenda que un angelito que estaba en el cielo le tocó el turno de nacer como niño, así que decidió hablar con Dios.

Ángel: Me dicen que me vas a enviar mañana a la Tierra. ¿Pero cómo vivir tan pequeño e indefenso como soy?

Dios: Entre muchos ángeles escogí uno para ti, que te está esperando y te cuidará.

Ángel: Pero dime; aquí, en el cielo, no hago más que cantar y sonreír, eso basta para ser feliz.

Dios: Tu ángel te cantará, te sonreirá todos los días y tú sentirás su amor y serás feliz.

Ángel: ¿Y cómo entender lo que la gente habla? Si no conozco el extraño idioma que hablan los hombres.

Dios: Tu ángel te dirá las palabras más dulces y más tiernas que puedas escuchar, y con mucha paciencia y con cariño te enseñará a hablar.

Ángel: ¿Y qué haré cuando quiera hablar contigo?

Dios: Tu ángel juntará tus manitas y te enseñará a orar, y podrás hablarme.

Ángel: He oído que en la Tierra hay hombres malos, ¿quién me defenderá?

Dios: Tu ángel te defenderá a costa de su propia vida.

Ángel: Pero estaré triste porque no te veré más.

Dios: Tu ángel te hablará siempre de mí y te enseñará el camino para que regreses a mi presencia, aunque yo siempre estaré a tu lado en cada instante.

… una gran paz reinaba en el cielo, pero ya se oían voces terrestres y el niño, presuroso, repetía con lágrimas en los ojitos, sollozando…

Ángel: ¡Dios mío! Si ya me voy, dime su nombre… ¿Cómo se llama mi ángel?

Dios: Su nombre no importa, tu le dirás… «MAMÁ».

AUTOR DESCONOCIDO

¿Hay algo más que agregar?

LA CASA DEL CIELO

Una señora soñó que llegaba al cielo y que, junto a las ciento veinte mil personas que mueren cada día, estaban haciendo fila para saber cuál era su destino eterno.

De pronto, apareció San Pedro y les dijo:

—Vengan conmigo y les mostraré en qué barrio está la casa que le corresponde a cada uno. Aquí la única cuota inicial que se recibe para su habitación eterna es la CARIDAD, traducida en obras de misericordia, comprensión, respeto por los demás e interés por la salvación de todos.

Los fue guiando por barrios primorosos, como ella jamás hubiera pensado que pudieran existir. Llegaron a un barrio con todas las casas en oro; puertas doradas, techos dorados, pisos de oro, muros de oro. ¡Qué maravilla…!

San Pedro exclamó:

—Aquí todos los que invirtieron con mucho dinero en ayudar a los necesitados; aquellos a quienes su amor a los demás sí les costó en la Tierra.

Y fueron entrando todos los generosos: los que compartieron su pan con el hambriento, regalaron sus vestidos a los pobres y consolaron a los presos y visitaron enfermos.

La señora quiso entrar, pero un ángel la detuvo, diciéndole:

—Perdóneme, pero usted, en la Tierra, no daba sino migajas a los demás. Jamás dio algo que en verdad costara, ni en tiempo, ni en dinero, ni en vestidos… Este barrio es solamente para los generosos.

Y no la dejó entrar. Pasaron luego a otro barrio de la eternidad. Todas las casas construidas en marfil. ¡Qué blancura, qué hermosura! Los pisos eran de marfil, los techos de marfil.

La señora se apresuró para entrar a tan hermoso barrio, pero otro ángel guardián la tomó del brazo y le dijo respetuosamente:

—Me da pena, pero este barrio es únicamente para aquellos que, en el trato con los demás, fueron delicados, comprensivos y bondadosos. Y usted era muy dura, falsa y criticona, y a veces hasta grosera, en el trato con los demás.

Y mientras todos los que habían sido exquisitos en sus relaciones humanas entraban gozosos a tomar posesión de sus lujosas habitaciones, la pobre mujer se quedaba por fuera, mirando con envidia a los que iban entrando a tan esplendoroso barrio.

Le faltaba la cuota inicial… haber tratado bien a los demás.

Siguieron luego a un tercer barrio. Aquello era lo máximo en luminosidad y belleza. Todas las casas eran de cristal. Pero de unos cristales excepcionalmente brillantes y hermosos. Paredes de cristales multicolores, techos de cristales refractarios, ventanas de cristales que parecían arco iris.

La señora corrió a posesionarse de una de aquellas maravillosas habitaciones; el ángel portero la detuvo y, muy serio, le dijo:

—En su pasaporte dice que usted no se interesó por enseñar a las personas que estaban a su alrededor el camino del bien y la verdad, y este barrio es exclusivamente para las personas que ayudan a los otros a buscar la felicidad. Aquí se cumple lo que anunció el profeta Daniel: «Quienes enseñen a otros a ser buenos, brillarán como estrellas por toda la eternidad.» Y usted nunca se preocupó de las personas que con usted vivían se volvieran mejores. Así que aquí no hay casa para usted.

Le faltaba la cuota inicial: haber ayudado a los otros a cambiar.

Entristecida, la pobre mujer veía que entraban muchísimas personas radiantes de alegría a tomar posesión de su habitación eterna, mientras ella, con un numeroso grupo de egoístas, eran llevadas cuesta abajo a un barrio verdaderamente feo y asqueroso. Todas las habitaciones estaban construidas de basura. Puertas de basura. Techos de basuras. Los gallinazos sobrevolaban sobre aquella hediondez; ratones y murciélagos rondaban por allí...

La señora se puso un pañuelo en la nariz porque la fetidez era insoportable y quiso salir huyendo, pero el guardián del barrio le dijo con voz muy seria:

—Una de estas casas será su habitación; puede pasar a tomar posesión de ella.

La angustiada mujer gritó que no, que era horrible. Que no sería capaz de habitar en ese montón de basuras.

Y el ángel le respondió:

—Señora, esto es lo único que hemos podido construir con la cuota inicial que usted envió desde la Tierra. Las habitaciones de la eternidad las hacemos con la cuota inicial que las personas mandan desde el mundo. Usted solamente nos enviaba cada día egoísmo, maltrato a los demás, murmuraciones, críticas, palabras hirientes, tacañerías, odios, rencores, envidias. ¿Qué más podríamos haberle construido? Usted misma nos mandó el material para hacerle su «MANSIÓN»

La mujer empezó a llorar y a decir que no quería quedarse a vivir allí; de pronto, al hacer un esfuerzo por zafarse de las manos de quien la quería hacer entrar en semejante habitación, dio un salto y se despertó.

Tenía la almohada empapada de lágrimas... pero aquella pesadilla le sirvió de examen de conciencia y, desde entonces, empezó a pagar la cuota inicial de su casa en la eternidad.

Generosidad con los necesitados, bondad en el trato con los demás, preocupación por enseñar a otros el camino del bien.

AUTOR DESCONOCIDO

¿Qué tal si empezamos a pagar la CUOTA INICIAL...?

REPORTAJE A DIOS

Con mi título de periodista recién obtenido, decidí realizar una gran nota...

—Pasa —me dijo Dios—. ¿Así que quieres entrevistarme?

—Bueno —le contesté—, si tienes tiempo...

Se sonríe por entre la barba, y dice:

—Mi tiempo se llama eternidad y alcanza para todo. ¿Qué preguntas quieres hacerme?

—Ninguna nueva ni difícil para ti... ¿Qué es lo que más te sorprende de los hombres?

Y dijo:

—Que se aburren de ser niños, apurados por crecer, y luego suspiran por regresar a ser niños.

—Que primero pierden la salud para tener dinero y enseguida pierden el dinero para recuperar la salud.

—Que por pensar ansiosamente en el futuro, descuidan su hora actual, con que ni viven el presente ni el futuro.

—Que viven como si no fueran a morirse, y se mueren como si no hubieran vivido (*«y pensar que yo...»*).

Con los ojos llenos de lágrimas y la voz entrecortada, deja de hablar. Sus manos toman fuertemente las mías y seguimos en silencio.

Después de un largo tiempo y para cortar la tensión del momento, le dije:

—¿Me dejas hacerte otra pregunta? —no me respondió con palabras, sino sólo con su tierna mirada—. Como padre, ¿qué es lo que le pedirías a tus hijos para este momento?

—Que aprendan que no pueden hacer que alguien los ame. Lo que sí pueden es dejarse amar.

—Que aprendan que toma años construir la confianza, y sólo segundos para destruirla.

—Que aprendan que lo más valioso no es lo que tienen en sus vidas, sino a quién tienen en sus vidas.

—Que aprendan que no es bueno compararse con los demás, pues siempre habrá alguien mejor o peor que ellos.

—Que aprendan que «rico» no es el que más tiene, sino el que menos necesita.

—Que aprendan que deben controlar sus actitudes, o sus actitudes los controlarán.

—Que aprendan que bastan unos cuantos segundos para producir heridas profundas en las personas que amamos, y que pueden tardar muchos años en ser sanadas.

—Que aprendan que a perdonar solamente se aprende practicando.

—Que aprendan que hay gente que los quiere mucho, pero que simplemente no saben cómo demostrarlo.

—Que aprendan que el dinero lo compra todo menos la felicidad.

—Que aprendan que, a veces, cuando están molestos tienen derecho a estarlo, pero eso no les da derecho a molestar a los que les rodean.

—Que aprendan que los grandes sueños no requieren de grandes alas, sino de un tren de aterrizaje para lograrlos.

—Que aprendan que amigos de verdad son escasos; quien ha encontrado uno, ha encontrado un verdadero tesoro.

—Que aprendan que no siempre es suficiente ser perdonado por otros, algunas veces deben perdonarse a sí mismos.

—Que aprendan que son dueños de lo que callan y esclavos de lo que dicen.

—Que aprendan que la verdadera felicidad no es lograr sus metas, sino aprender a ser felices con lo que tienen.

—Que aprendan que la felicidad no es cuestión de suerte, sino producto de sus decisiones. Ellos deciden ser felices con lo que son y tienen, o morir de envidia y celos por lo que les falta y carecen.

—Que aprendan que dos personas pueden mirar una misma cosa y ver algo totalmente diferente.

—Que aprendan que sin importar las consecuencias, aquellos que son honestos consigo mismos llegan lejos en la vida.

—Que aprendan que, a pesar de que piensen que no tienen nada más que dar, cuando un amigo llora con ellos encuentran la fortaleza para vencer sus dolores.

—Que aprendan que retener a la fuerza a las personas que aman, las aleja más rápidamente de ellos y el dejarlas ir las deja para siempre al lado de ellos.

—Que aprendan que a pesar de que la palabra «amor» pueda tener muchos significados distintos, pierde valor cuando es usada en exceso.

—Que aprendan que amar y querer no son sinónimos, sino antónimos; el querer lo exige todo, el amar lo entrega todo.

—Que aprendan que nunca harán nada tan grande para que Dios los ame más, ni nada tan malo para que los ame menos. Simplemente los amo, a pesar de sus conductas.

—Que aprendan que la distancia más lejos que pueden estar de Mí es la distancia de una simple oración.

Y así, en un encuentro profundo, tomados de las manos, continuamos en silencio.

AUTOR DESCONOCIDO

EL ELEFANTE

Cuando yo era chico me encantaban los circos, y lo que más me gustaba de los circos eran los animales. También a mí, como a otros (después me enteré), me llamaba la atención el elefante.

Durante la función, la enorme bestia hacía despliegue de peso, tamaño y fuerza descomunal, pero después de su actuación, y hasta un rato antes de volver al escenario, el elefante quedaba sujeto solamente por una cadena que aprisionaba una de sus patas a una pequeña estaca clavada en el suelo.

Sin embargo, la estaca era sólo un minúsculo pedazo de madera apenas enterrado unos centímetros en la tierra. Y aunque la cadena era gruesa y poderosa —me parecía obvio que ese animal era capaz de arrancar un árbol de cuajo con su propia fuerza—, podría, con facilidad, arrancar la estaca y huir.

El misterio es evidente.

«¿Qué lo mantiene entonces? ¿Por qué no huye?»

Cuando tenía cinco o seis años, yo todavía confiaba en la sabiduría de los mayores. Pregunté entonces a algún maestro, a algún padre o a algún amigo por el misterio del elefante. Alguno de ellos me explicó que el elefante no se escapaba porque estaba amaestrado.

Hice entonces la pregunta obvia:

—Si está amaestrado, ¿por qué lo encadenan?

No recuerdo haber recibido ninguna respuesta coherente.

Con el tiempo, me olvidé del misterio del elefante y la estaca… y sólo lo recordaba cuando me encontraba con otros que también se habían hecho la misma pregunta.

Hace algunos años descubrí que, por suerte, alguien había sido lo bastante sabio como para encontrar la respuesta:

«El elefante del circo no escapa porque ha estado atado a una estaca parecida desde que era muy pequeño.»

Cerré los ojos y me imaginé al pequeño recién nacido sujeto a la estaca. Estoy seguro de que en aquel momento el elefantito empujó, tiró y sudó tratando de soltarse. Y a pesar de todo su esfuerzo, no pudo.

La estaca era ciertamente muy fuerte para él. Juraría que se durmió agotado y que al día siguiente volvió a probar, y también al otro y al que seguía.

Hasta que un día, un terrible día para su historia, el animal aceptó su impotencia y se resignó a su destino. Este enorme y poderoso elefante no escapa porque ¡CREE QUE NO PUEDE!

Él tiene registro y recuerdo de su impotencia, de aquella impotencia que se siente poco después de nacer. Y lo peor es que jamás se ha vuelto a cuestionar seriamente ese registro.

—Jamás... jamás... intentó poner a prueba su fuerza otra vez...

AUTOR DESCONOCIDO

Cada uno de nosotros somos un poco como ese elefante: vamos por el mundo atados a cientos de estacas que nos restan libertad. Vivimos creyendo que un montón de cosas «no podemos» hacerlas simplemente porque alguna vez probamos y no pudimos, o que nos dijeron que no podríamos.

Grabamos en nuestro recuerdo:

—No puedo... No puedo y nunca podré.

Crecimos portando ese mensaje que nos impusimos a nosotros mismos y nunca más lo volvimos a intentar.

La única manera de saber es intentarlo de nuevo poniendo en el intento TODO TU CORAZÓN.

EL GUSANITO

Un pequeño gusanito caminaba un día en dirección al sol.
Muy cerca del camino se encontraba un chapulín.

—¿Hacia dónde te diriges? —le preguntó.

Sin dejar de caminar, la oruga contestó:

—Tuve un sueño anoche; soñé que desde la punta de la gran
montaña yo miraba todo el valle. Me gustó lo que vi en mi sueño y he decidido realizarlo.

Sorprendido, el chapulín dijo mientras su amigo se alejaba:

—¡Debes estar loco! ¿Cómo podrás llegar hasta aquel lugar?
¡Tú, una simple oruga! Una piedra será una montaña, un pequeño charco un mar y cualquier tronco una barrera infranqueable.

Pero el gusanito ya estaba lejos y no lo escuchó.

Sus diminutos pies no dejaron de moverse. De pronto, se
oyó la voz de un escarabajo:

—¿Hacia dónde te diriges con tanto empeño?

Sudando ya, el gusanito le dijo, jadeante:

—Tuve un sueño y deseo realizarlo. Subiré a esa montaña y
desde ahí contemplaré todo nuestro mundo.

El escarabajo no pudo contenerse y, soltando la carcajada,
le dijo:

—Ni yo, con patas tan grandes, intentaría una empresa tan
ambiciosa.

Él se quedó en el suelo, tumbado de la risa, mientras la oruga continuó su camino, habiendo avanzado ya unos cuantos centímetros. Del mismo modo, la araña, el topo, la rana y la flor
aconsejaron a nuestro amigo a desistir.

—¡No lo lograrás jamás! —le dijeron.

Pero en su interior había un impulso que lo obligaba a seguir. Ya agotado, sin fuerzas y a punto de morir, decidió parar a descansar y construir, con su último esfuerzo, un lugar donde pernoctar.

—Estaré mejor —fue lo último que dijo, y murió.

Todos los animales del valle, por días, fueron a observar sus restos. Ahí estaba el animal más loco del pueblo. Había construido como tumba un monumento a la insensatez. Ahí estaba un duro refugio, digno de uno que murió por querer realizar un sueño irrealizable.

Una mañana en la que el sol brillaba de una manera especial, todos los animales se congregaron en torno a aquello que se había convertido en una advertencia para los atrevidos. De pronto, quedaron atónitos. Aquella concha dura comenzó a quebrarse y, con asombro, vieron unos ojos y una antena que no podía ser la de la oruga que creían muerta.

Poco a poco, como para darles tiempo de reponerse del impacto, fueron saliendo las hermosas alas arco iris de aquel impresionante ser que tenían frente a ellos: UNA HERMOSA MARIPOSA.

No hubo nada que decir, todos sabían lo que haría: se iría volando hasta la gran montaña y realizaría un sueño; el sueño por el que había vivido, por el que había muerto y por el que había vuelto a vivir.

Todos se habían equivocado.

AUTOR DESCONOCIDO

Hemos nacido para realizar un sueño:
Vivamos por él, intentemos alcanzarlo, pongamos la
vida en ello y si nos damos cuenta que no podemos, quizá

necesitemos hacer un alto en el camino y experimentar un cambio radical en nuestras vidas, y entonces, con otro aspecto, con otras posibilidades y con el poder que la vida nos da, lo lograremos.

EL ÉXITO EN LA VIDA NO SE MIDE POR LO QUE HAS LOGRADO, SINO POR LOS OBSTÁCULOS QUE HAS TENIDO QUE ENFRENTARTE EN EL CAMINO...

LAS TRES BARDAS

Un discípulo llegó muy agitado a la casa de Sócrates y empezó a hablar de esta manera:

—Maestro, quiero contarte cómo un amigo tuyo estuvo hablando de ti con malevolencia…

Sócrates lo interrumpió, diciendo:

—¡Espera! ¿Ya hiciste pasar a través de las tres bardas lo que me vas a decir?

—¿Las tres bardas?

—¡Sí! —replicó Sócrates—. La primera es la VERDAD… ¿Ya examinaste cuidadosamente si lo que me quieres decir es verdadero en todos sus puntos?

—No… Lo escuché comentar a unos vecinos…

—Pero al menos, lo habrás hecho pasar por la segunda barda, que es la BONDAD. ¿Lo que me quieres decir es por lo menos bueno?

—No, en realidad no; al contrario…

—¡Ah! —interrumpió Sócrates—. Entonces vamos a la última barda, la NECESIDAD. ¿Es necesario que me cuentes eso?

—Para ser sincero, no; necesario no es.

—Entonces —sonrió el sabio—, si no es verdadero, ni bueno, ni necesario… sepultémoslo en el olvido…

AUTOR DESCONOCIDO

A veces nuestra lengua es muy rápida. Recapacitemos antes de hablar. Qué diferente sería si todos hiciéramos pasar por las tres bardas lo que decimos, quizá diríamos un tercio de lo que decimos…

LAS COSAS NO SON SIEMPRE LO QUE PARECEN

Dos ángeles que viajaban pararon a pasar la noche en el hogar de una familia rica. La familia era grosera y rechazó la estancia de los ángeles en el cuarto de huéspedes de la mansión.

En su lugar, los ángeles fueron hospedados en un espacio frío del sótano.

Hicieron su cama en el duro suelo; entonces, el ángel más viejo vio un agujero en la pared y lo reparó.

Cuando el ángel más joven le preguntó por qué lo hizo, el ángel viejo le contestó que «las cosas no son siempre lo que parecen».

La noche siguiente, los ángeles se hospedaron en un hogar muy pobre, pero el granjero y su esposa eran muy hospitalarios.

Después de compartir el poco alimento que tenían, los esposos dejaron dormir a los ángeles en la cama de ellos para que estuvieran cómodos el resto de la noche.

Cuando el sol salió a la mañana siguiente, los ángeles encontraron al granjero y a su esposa desconsolados.

Su única vaca, de la cual obtenían dinero por su leche, yacía muerta en el campo.

El ángel joven se enojó y le preguntó al ángel viejo por qué permitió que esto sucediera:

—El primer hombre tenía todo y le ayudaste; la segunda familia tenía muy poco y estaban dispuestos a compartir todo, y dejaste morir a su única vaca.

—Las cosas no siempre son lo que parecen —le contestó el viejo ángel—. Cuando permanecíamos en el sótano de la mansión, observé que había oro en ese agujero de la pared. Puesto que el propietario era tan obsesionado, avaro y poco dispuesto a compartir su buena fortuna, sellé la pared para que él jamás lo encuentre. Entonces, ayer en la noche, cuando nos dormimos en la cama de los granjeros, el ángel de la muerte vino por su esposa. «Le di la vaca en lugar de ella.»

AUTOR DESCONOCIDO

Moraleja: *Las cosas no son siempre lo que parecen.*

MILAGROS DEL CIELO

Un alma recién llegada al cielo se encontró con San Pedro. El santo la llevó a dar un recorrido por el cielo.

Ambos caminaron, paso a paso, por unos grandes talleres llenos con ángeles.

San Pedro se detuvo frente a la primera sección, y dijo:

—¡Ésta es la sección de recibo! Aquí, todas las peticiones hechas a Dios mediante la oración son recibidas.

El alma observó la sección, y estaba terriblemente ocupada con muchos ángeles clasificando peticiones escritas en voluminosas hojas de papel de personas de todo el mundo.

Ellos siguieron caminando hasta que llegaron a la siguiente sección, y San Pedro le dijo:

—¡Ésta es la sección de empaque y entrega! Aquí, las gracias y bendiciones que la gente pide son empacadas y enviadas a las personas que las solicitaron.

El alma vio cuán ocupada estaba. Había tantos ángeles trabajando en ella como tantas bendiciones estaban siendo empacadas y enviadas a la Tierra.

Finalmente, en la esquina más lejana de los talleres, el alma se detuvo en la última sección.

Para su sorpresa, sólo un ángel permanecía en ella, ocioso, haciendo muy poca cosa.

—¡Ésta es la sección del agradecimiento! —dijo San Pedro al alma.

—¿Cómo es que hay tan poco trabajo aquí? —preguntó el alma.

—¡Esto es lo peor! —contestó San Pedro—. Después que las personas reciben las bendiciones que pidieron, muy pocas envían su agradecimiento.

—¿Cómo uno agradece a las bendiciones de Dios?

—Simple —contestó San Pedro—, sólo tienes que decir: «GRACIAS SEÑOR...»

AUTOR DESCONOCIDO

PERLAS GENUINAS

Jenny era una linda niña, de cinco años, de ojos relucientes. Un día, mientras ella con su mamá visitaban una tienda, Jenny vio un collar de perlas de plástico que costaba dos dólares y medio. ¡¡Cuánto deseaba poseerlo!!

Preguntó a su mamá si se lo compraría; su mamá le dijo:

—Hagamos un trato: yo te compraré el collar y cuando lleguemos a casa haremos una lista de tareas que podrás realizar para pagar el collar. Y no te olvides que para tu cumpleaños es muy posible que tu abuelita te regale un billete de un dólar ¡¡enterito!! ¿Está bien?

Jenny estuvo de acuerdo, y su mamá le compró el collar de perlas. Jenny trabajaba con tesón todos los días para cumplir con sus tareas y, tal como su mamá le mencionara, su abuelita le regaló un billete de un dólar para su cumpleaños.

En poco tiempo, Jenny canceló su deuda.

¡¡Jenny amaba sus perlas!! Ella las llevaba puestas a todas partes: al *kinder*, a la cama y cuando salía con su mamá a hacer los mandados.

El único momento que no se las ponía era cuando se bañaba. ¡Su mamá le había dicho que las perlas, con el agua, le pintarían el cuello de verde!

Jenny tenía un padre que la quería muchísimo.

Cuando Jenny iba a su cama, él se levantaba de su sillón favorito para leerle su cuento preferido.

Una noche, cuando terminó el cuento, le dijo:

—Jenny, ¿tú me quieres?

—¡Oh sí, papá! Tú sabes que te quiero.

—Entonces, regálame tus perlas.

—¡Oh, papá! No, mis perlas no —dijo Jenny—. Pero te doy a *Rosita*, mi muñeca favorita. ¿La recuerdas? Tú me la regalaste el año pasado para mi cumpleaños. Y te doy su ajuar también, ¿está bien, papá?

—¡Oh no, hijita! Está bien, no importa —dándole un beso en la mejilla—. Buenas noches, pequeña.

Una semana después, nuevamente su papá le preguntó al terminar de leerle el cuento:

—Jenny, ¿tú me quieres?

—¡Oh sí, papá! Tú sabes que te quiero.

—Entonces, regálame tus perlas.

—¡Oh, papá! No, mis perlas no. Pero te doy a *Lazos*, mi caballo de juguete, ¿lo recuerdas? Es mi favorito; su pelo es tan suave que tú puedes jugar con él y hacerle trencitas. Tú puedes tenerlo si quieres, papá.

—¡Oh no, hijita! Está bien, no importa —le dijo su papá, dándole nuevamente un beso en la mejilla—. Dios te bendiga; felices sueños.

Algunos días después, cuando el papá de Jenny entró a su dormitorio para leerle un cuento, Jenny estaba sentada en su cama y le temblaban los labios.

—Toma papá —dijo, y estiró su mano. La abrió, y en su interior estaba su tan querido collar, el cual entregó a su padre. Con una mano él tomó las perlas de plástico y con la otra extrajo de su bolsillo una cajita de terciopelo azul. Dentro de la cajita había unas hermosas perlas genuinas. Él las había tenido todo este tiempo, esperando que Jenny renunciara a la baratija para poder darle la pieza de valor.

AUTOR DESCONOCIDO

NUESTRA BOCA TIENE PODER

Un grupo de ranas iba atravesando un bosque y dos de ellas cayeron en un hoyo muy profundo. El resto de las ranas se reunieron alrededor del hoyo.

Cuando vieron que éste era muy profundo, les dijeron a las dos ranas que se dieran por muertas. Las dos ranas ignoraron los comentarios y trataron de saltar con todas sus fuerzas para salir del hoyo. Las demás ranas siguieron diciéndoles que se detuvieran, que se dieran por muertas. Finalmente, una de las ranas hizo caso a lo que las otras ranas estaban diciendo y se dio por vencida. Se dejó caer al suelo y murió. La otra rana continuó saltando tan fuerte como pudo.

Nuevamente el grupo de ranas le gritaron que ya no sufriera intentando salir y lo mejor era que se dejara morir. La rana saltaba más y más fuerte y, finalmente, logró salir. Esta rana era sorda y no le era posible escuchar la súplica de las demás.

Ella pensó que sus compañeras estaban animándola todo el tiempo.

AUTOR DESCONOCIDO

Moraleja: *Nuestro lenguaje tiene el poder de la vida y de la muerte. Una palabra de aliento a alguien que está pasando por un mal momento puede reanimarlo y ayudarlo a salir adelante. Una palabra destructiva a alguien que está pasando por un mal momento puede ser lo único que se necesite para matarlo. Debemos ser cuidadosos con lo*

que decimos. Que tu vocabulario siempre tenga una pala-
bra de aliento para todos aquellos que cruzan tu camino.
El poder de las palabras... A veces es difícil entender que
una palabra de aliento pueda hacer tanto por alguien. Así
que, de hoy en adelante, pensemos lo que vamos a decir.

LA MAÑANA

No paraba de llover. El cielo amenazante se erguía sobre la tarde enfurecida y tristemente gris. La gente corría de un lado para otro gritando desesperada, tratando de salvar televisores, ordenadores, zapatos…

Era la tormenta más terrible del milenio. No había parado de llover en quince días. Las calles, atestadas de basura flotante, dejaban ver un triste espectáculo… Todo estaba inundado.

Las cloacas despedían olores nauseabundos; de ellas brotaban a borbotones un agua «amarronada». Algo raro estaba pasando: la desesperación crecía día a día, la gente no comprendía, el servicio meteorológico no daba respuestas satisfactorias y los medios de comunicación, como ya sabemos, entre la gente, con las cámaras mojadas hasta el último tornillo, tratando de tener la primicia del primer ahogado.

Los truenos no cesaban y el agua era implacable, imparable. Desesperación, gritos, pánico. La ciudad sumida en una pesadilla horrenda. Mi ciudad de todos los días, las calles por las cuales caminé tantas mañanas hacia el trabajo.

Repentinamente, seguida de un poderoso y blanquecino rayo, una especie de plataforma color plata, brillante como un espejo, descendió de las nubes.

De entre la neblina, como una princesa, apareció una joven extremadamente alta, esbelta y hermosa.

Su piel, azulina. Sus ojos color violáceo, enormes y transparentes, transmitían paz y una tranquilidad que ya no se recordaba.

Simplemente, sonrió.

Inmediatamente, la gente comenzó a postrarse ante ella, llorando y pidiendo clemencia. Algunos intentaban trepar al plateado artefacto y otros trataban de besar los pies de aquel ser, a quien comenzó a desdibujársele la sonrisa para transformarse en una mueca de tristeza y disgusto. Penetró en la nave; la gente quedó en silencio. Un silencio mudo y desolador. Sólo el persistente sonido de las gotas que no dejaban de derramarse sobre nuestras cabezas. En unos segundos, el ser volvió a salir.

Comenzó a hablar en un idioma desconocido, pero los sonidos de esas palabras se traducían como ideas en nuestra mente: las catástrofes más grandes por las que había pasado la Tierra; seres de todas las razas intentando sobrevivir al fuego, al agua; la naturaleza rebelándose contra la injusticia del hombre; el sol calcinante y la tierra sin protección, todo su escudo destruido; los árboles ardiendo y selvas enteras devastadas, los recursos más importantes en cuanto a salud exterminados; los pájaros huyendo a quién sabe dónde; los ríos, ya sin cauce, contaminados por el odio y la indiferencia; mares embravecidos derrotando a las playas, ganándoles espacio, cada vez más espacio…, y la Tierra, como un ser viviente, palpitante, llorando su tristeza.

La falta de amor… La imagen de un niño. Un niño llorando solo. Unos brazos que se le acercan para acunarlo. Una imagen del amor, algo que quizá podríamos comprender. Así, la Tierra nos había cobijado durante milenios; todos los colores imaginados estaban ahí, todas las formas, todos los olores que el aire se encargaba de transportar de aquí hacia allá y los seres en armonía conviviendo en paz. Atardeceres dorados que seguían a noches perfumadas de azahar. Amaneceres rosados coloreados de melodías de ensueño, interpretadas por los príncipes del aire.

Los frutos, rebosantes de color, brotando de la tierra en una secuencia rigurosa. La perfecta matemática de Dios, a la vista en la perfección de cada ser viviente. Y los niños. La blanca sabiduría, conservada en un pequeño y simpático envase de piel suave y ojos de sonrisa. Las futuras semillas de la nueva humanidad, la esperanza condensada en esas almas sedientas de conducirnos de vuelta a la inocencia original. La imaginación al servicio del corazón, soñando con un mañana mejor…

Creo que pasaron horas; la lluvia se había transformado en una persistente garúa que helaba los huesos. El ser juntó las manos en el centro de su pecho y con una mirada que lo dijo todo, simplemente desapareció justo un segundo antes de que… un trueno ensordecedor me sobresaltara. Miré por la ventana. Había comenzado a llover. Mi mujer dormía. Corrí hacia la habitación de mis hijos y cerré las ventanas, como queriendo protegerlos de un mañana aterrador que acechaba tras los vidrios.

Una media sonrisa se dibujaba en la cara del más pequeño. Sus mejillas, rosadas por el calor de la frazada que lo envolvía, y los sueños más puros que inundaban ahora su mundo, llegaron como una flecha de fuego a mi pecho y se instalaron ahí para hacerme recordar al niño que yo también fui. En ese momento supe que su realidad iba a ser diferente a la mía. Porque él no soñaba con mundos que se destruían, no conocía la ambición, el egoísmo, el odio capaz de tanta contaminación… Todavía soñaba con un mañana mejor. Supe en ese momento que mi meta sería, desde esa mañana, preservarlo de aquel mundo terrible inventado por los grandes.

Preservar esa inocencia. Sabía que si lo lograba, aunque yo no estuviera, estaría a salvo siempre. Al menos durante el día.

Porque durante la noche, él había logrado ser el jinete de sus propios sueños.

AUTOR DESCONOCIDO

Ojalá fuésemos más conscientes del mundo que vamos creando y cómo nos vamos perdiendo de nuestro niño interior para adentrarnos en una selva difícil de habitar…

LA TAZA DE CERÁMICA

Se cuenta que una vez, en Inglaterra, existía una pareja que gustaba de visitar las pequeñas tiendas del centro de Londres. Una de sus tiendas favoritas era donde vendían vajillas antiguas. En una de sus visitas a la tienda, vieron una hermosa tacita.

—¿Me permite ver esa taza? —preguntó la señora—. ¡Nunca he visto nada tan fino como eso!

En cuanto tuvo en sus manos la taza, escuchó que la tacita comenzó a hablar.

La tacita le comentó:

—¡Usted no entiende! Yo no he sido siempre esta taza que usted esta sosteniendo. Hace mucho tiempo, yo sólo era un montón de barro amorfo. Mi creador me tomó entre sus manos, y me golpeó y me amoldó cariñosamente. Llegó un momento en que me desesperé, y le grité:

—¡Por favor, déjame ya en paz!

Pero sólo me sonrió, y me dijo:

—Aguanta un poco más, todavía no es tiempo.

Después me puso en un horno. ¡Yo nunca había sentido tanto calor! Me pregunté por qué mi creador querría quemarme, así que toqué la puerta del horno.

A través de la ventana del horno pude leer los labios de mi creador, que me decían:

—Aguanta un poco más, todavía no es tiempo.

Finalmente se abrió la puerta. Mi creador me tomó y me puso en una repisa para que me enfriara.

—¡Así está mucho mejor! —me dije a mí misma.

Pero apenas me había refrescado, cuando mi creador ya me estaba cepillando y pintándome. ¡El olor de la pintura era horrible! Sentía que me ahogaría.

—¡Por favor, detente! —le gritaba a mi creador.

Pero él sólo movía la cabeza haciendo un gesto negativo, y decía:

—Aguanta un poco más, todavía no es tiempo.

Al fin dejó de pintarme; pero esta vez me tomó y me metió nuevamente a otro horno. No era un horno como el primero, ¡sino que era mucho mas caliente!

Ahora sí estaba segura que me sofocaría. ¡Le rogué y le imploré que me sacara! Grité, lloré, pero mi creador sólo me miraba, diciendo:

—Aguanta un poco más, todavía no es tiempo.

En ese momento me di cuenta que no había esperanza. ¡Nunca lograría sobrevivir a ese horno! Justo cuando estaba a punto de darme por vencida, se abrió la puerta y mi creador me tomó cariñosamente y me puso en una repisa que era aún más alta que la primera. Allí me dejó un momento para que me refrescara.

Después de una hora de haber salido del segundo horno, me dio un espejo y me dijo:

—¡Mírate, ésta eres tú!

Yo no podía creerlo, ¡ésa no podía ser yo! Lo que veía era hermoso.

Mi creador, nuevamente, me dijo:

—Yo sé que te dolió haber sido golpeada y moldeada por mis manos, pero si te hubiera dejado como estabas, te hubieras secado. Sé que te causó mucho calor y dolor estar en el primer horno, pero de no haberte puesto allí seguramente te hubieras quebrado. También sé que los gases de la pintura te provocaron muchas molestias, pero de no haberte pintado tu vida no tendría color. Y si yo no te hubiera puesto en ese segundo horno, no hubieras sobrevivido mucho tiempo, porque tu dureza no habría sido la suficiente para que subsistieras.

¡Ahora tú eres un producto terminado! ¡Eres lo que yo tenía en mente cuando te comencé a formar!

AUTOR DESCONOCIDO

Igual pasa con nosotros.

Dios nunca nos va a tentar ni a obligar a que vivamos algo que no podamos soportar. Dios sabe lo que está haciendo con cada uno de nosotros.

Él es el artesano y nosotros somos el barro con el cual Él trabaja.

Él nos moldea y nos da forma para que lleguemos a ser una pieza perfecta y podamos cumplir con su voluntad.

EL BORDADO DE DIOS

Cuando yo era pequeño, mi mamá solía coser mucho. Yo me sentaba cerca de ella y le preguntaba qué estaba haciendo. Ella me respondía que estaba bordando.

Yo observaba el trabajo de mi mamá desde una posición más baja que donde estaba sentada ella, así que siempre me quejaba diciéndole que desde mi punto de vista lo que estaba haciendo me parecía muy confuso.

Ella me sonreía, miraba hacia abajo, y gentilmente me decía:

—Hijo, ve afuera a jugar un rato, y cuando haya terminado mi bordado te pondré sobre mi regazo y te dejaré verlo desde mi posición.

Me preguntaba por qué ella usaba algunos hilos de colores oscuros y por qué me parecían tan desordenados desde donde yo estaba.

Unos minutos más tarde, escuchaba la voz de mi mamá, diciéndome:

—Hijo, ven y siéntate en mi regazo.

Yo lo hacía de inmediato, y me sorprendía y emocionaba al ver la hermosa flor o el bello atardecer en el bordado. No podía creerlo; desde abajo se veía muy confuso.

Entonces mi mamá me decía:

—Hijo mío, desde abajo se veía confuso y desordenado, pero no te dabas cuenta de que había un plan arriba. Había un diseño y sólo lo estaba siguiendo. Ahora, míralo desde mi posición y sabrás lo que estaba haciendo.

Muchas veces, a lo largo de los años, he mirado al cielo y he dicho:

—Padre, ¿qué estás haciendo?

Él responde:

—Estoy bordando tu vida.

Entonces yo le replico:

—Pero se ve tan confuso, es un desorden. Los hilos parecen tan oscuros... ¿por qué no son más brillantes?

El Padre parecía decirme:

—Mi niño, ocúpate de tu trabajo haciendo el mío y un día te traeré al cielo y te pondré sobre mi regazo, y verás el plan desde mi posición. Entonces entenderás...

AUTOR DESCONOCIDO

LOS PAVOS NO VUELAN

Un campesino encontró un huevo muy grande y se lo llevó a su casa.

—¿Será de un avestruz? —preguntó a su mujer.

—No. Es demasiado abultado —dijo el abuelo.

—Voy a colocarlo a la pava, que está empollando huevos. Tal vez, con el tiempo, nazca algo —afirmó el campesino.

Y así lo hizo.

Cuenta la historia que a los quince días nació un pavito oscuro, grande, nervioso, que con mucha avidez comió todo el alimento que encontró a su alrededor.

Pasado un tiempo, miró a la madre con vivacidad, y le dijo entusiasta:

—Bueno, ahora vamos a volar.

La pava se sorprendió muchísimo de la proposición de su flamante crío, y le explicó:

—Mira, los pavos no vuelan. Además, te hace mal comer deprisa.

Entonces trataron de que el pavito comiera más despacio, el mejor alimento y en la medida justa.

El pavito terminaba su comida y les decía a sus hermanos:

—Vamos, muchachos, ¡a volar!

Todos los pavos le explicaban:

—Los pavos no vuelan; a ti te hace mal la comida.

El pavito fue hablando más de comer y menos de volar. Y creció y murió en la pavada general.

¡Pero era un cóndor!

Había nacido para volar hasta los siete mil metros.
¡Pero nadie volaba!

AUTOR DESCONOCIDO

Moraleja: *El riesgo de morir en la pavada general es muy grande. ¡Como nadie vuela!*

Muchas puertas están abiertas porque nadie las cierra, y otras están cerradas porque ninguno las abre.

El miedo al hondazo es terrible.

La verdadera protección está en las alturas. Especialmente cuando hay hambre de elevación y buenas alas.

LA ROSA Y EL SAPO

Había una vez una rosa roja muy bella; se sentía de maravilla por saber que era la rosa más bella del jardín.

Un día comprendió que la gente la miraba sólo de lejos y no se acercaba a ella.

Se dio cuenta de que al lado de ella siempre había un sapo grande y oscuro, y que era por eso que nadie se acercaba a verla de cerca.

Indignada ante lo descubierto, le ordenó al sapo que se fuera de inmediato; el sapo, muy obediente, dijo:

—Está bien, si así lo quieres.

Poco tiempo después el sapo pasó por donde estaba la rosa y se sorprendió al verla totalmente marchita, sin hojas y sin pétalos.

Le dijo entonces:

—Vaya que te ves mal. ¿Qué te pasó?

La rosa contestó:

—Es que desde que te fuiste las hormigas me han comido día a día, y nunca pude volver a ser igual.

El sapo sólo contestó:

—Pues claro, cuando yo estaba aquí me comía a esas hormigas y por eso siempre eras la más bella del jardín.

AUTOR DESCONOCIDO

Moraleja: *Muchas veces despreciamos a los demás por creer que somos más que ellos, más bellos o porque simplemente consideramos que «no nos sirven para nada».*

Dios no hace a nadie para que esté sobrando en este mundo; todos tenemos algo que aprender de los demás o algo que enseñar, y nadie debe despreciar a nadie. No vaya a ser que esa persona nos hace un bien del cual ni siquiera somos conscientes.

EL CORAZÓN PERFECTO

Un día, un joven se situó en el centro de un poblado y proclamó que él poseía el corazón más hermoso de toda la comarca.

Una gran multitud se congregó a su alrededor, y todos admiraron y confirmaron que su corazón era perfecto, pues no se observaban en él ni marcas ni rasguños.

Sí. Coincidieron todos que era el corazón más hermoso que hubieran visto; todos menos un anciano, que se acercó y dijo:

—Tu corazón no es ni siquiera aproximadamente tan hermoso como el mío.

Sorprendidos la multitud y el joven, miraron el corazón del viejo y vieron que, si bien latía vigorosamente, estaba cubierto de cicatrices y hasta había zonas donde faltaban trozos, y éstos habían sido reemplazados por otros que no encajaban perfectamente en el lugar, pues se veían bordes y aristas irregulares alrededor.

Es más, había lugares con huecos, donde faltaban trozos profundos. La gente se sobrecogió. ¿Cómo puede decir él que su corazón es más hermoso? El joven contempló el corazón del anciano, y al ver su estado desgarbado se echó a reír.

—Debes estar bromeando —dijo—. Compara tu corazón con el mío… El mío es perfecto. En cambio, el tuyo es un conjunto de cicatrices y dolor.

—Es cierto —dijo el anciano—, tu corazón luce perfecto, pero yo jamás me involucraría contigo… Mira, cada cicatriz representa a una persona a la que entregué todo mi amor. Arranqué trozos de mi corazón para entregárselos a cada uno de aquellos que he amado.

Muchos, a su vez, me han obsequiado un trozo del suyo, que he colocado en el lugar que quedó abierto. Como las piezas no eran iguales, quedaron bordes irregulares, de los que me alegro, porque me recuerdan el amor que hemos compartido. Hubo oportunidades en las que entregué un trozo de mi corazón a alguien, pero esa persona no me ofreció un poco del suyo a cambio. Ahí quedaron huecos.

El joven y la multitud estaban muy conmovidos. El anciano continuó hablando:

—Dar amor es arriesgar, pero a pesar del dolor que esas heridas me producen por haber quedado abiertas, me recuerdan que sigo amando a ciertas personas, y alimentan la esperanza de que algún día, tal vez, regresen y llenen el vacío que han dejado en mi corazón. ¿Comprendes ahora lo que es verdaderamente un corazón hermoso?

El joven permaneció en silencio; unas lágrimas humedecieron sus ojos. Se acercó al anciano, arrancó un trozo de su hermoso y joven corazón, y se lo ofreció. El anciano lo recibió y lo colocó en su corazón; luego, a su vez, arrancó un trozo del suyo, ya viejo y maltrecho, y con él tapó la herida abierta del joven.

La pieza se amoldó, pero no a la perfección porque no eran idénticas, y se notaban bordes irregulares.

El joven miró su corazón, que ya no era perfecto, pero le hacía sentir mejor que antes, porque el amor del anciano fluía en su interior.

AUTOR DESCONOCIDO

Y tú, lector de estas líneas, recibe un pedazo de mi corazón... La felicidad no consiste siempre en hacer lo que queremos, sino en «QUERER» todo lo que hagamos; es un estado de ánimo.

No seremos felices mientras no decidamos «SERLO».

HUMILDAD

En los días en los que un helado costaba mucho menos que hoy, un niño de diez años entró en un establecimiento y se sentó en una mesa.

La mesera puso un vaso de agua enfrente de él.

—¿Cuánto cuesta un helado de chocolate con maní? —preguntó el chico.

—Cincuenta centavos —respondió la mesera.

El pequeño sacó unas monedas de su bolsillo y las contó.

—¿Cuánto cuesta un helado sin maní? —volvió a preguntar.

Algunas personas estaban esperando que se desocupara alguna mesa, y la mesera se estaba impacientando.

—Treinta y cinco centavos —dijo ella, bruscamente.

El niño volvió a contar la monedas.

—Quiero el helado solo —dijo el niño.

La mesera le trajo el helado, puso la cuenta en la mesa y se fue.

El muchacho terminó el helado, pagó en la caja y se fue.

Cuando la mesera volvió, empezó a limpiar la mesa, y entonces no pudo creer lo que veía. Allí, puestos ordenadamente junto al plato vacío, había veinticinco centavos... Su propina.

AUTOR DESCONOCIDO

Qué enseñanza de humildad, qué capacidad para ver al otro, ¿o no?

TRES DESEOS

Un pescador muy pobre, echó al mar su red y sacó un hermoso pez dorado.

—Por lo menos tengo algo para cenar junto a mi mujer —se dijo, contento.

Pero éste era un pez mágico y, por tanto, podía hablar:

—¡No me mates! ¡No me mates! Yo soy el rey de todos los peces y tengo poderes. Si me liberas, te concederé tres deseos; los que tú o tu mujer deseéis lo podréis obtener.

Pasada su sorpresa inicial, el pescador decidió creer, y devolvió al mar a aquel maravilloso pez.

Al llegar de regreso a su choza, feliz, dijo a su mujer:

—El rey de los peces nos ha concedido tres deseos, mujer; todo aquello que queramos se nos concederá.

—¡Qué bueno! —dijo la esposa, y agregó—. Con el hambre que tengo… ¡que aparezca una rica salchicha en mi mesa!

Y su deseo se cumplió.

—¡Pero qué has hecho, mujer estúpida! Has gastado uno de los tres deseos en una tontería pudiendo haber pedido ser la dueña de diez fábricas de salchichas… ¡Por idiota, me gustaría que esa salchicha se pegase en tu nariz!

Y naturalmente, así sucedió. Y no hubo forma de despegarla sin torturar a la mujer, así que obligatoriamente el tercer deseo consistió en que aquella salchicha desapareciese para siempre de sus vidas, y así fue; después de todo, el pescador y su mujer no obtuvieron nada.

AUTOR DESCONOCIDO

¿Qué ponemos en nuestra mágica pantalla mental cada día?

¿Que nos solucione alguna calamidad? ¿Y qué habíamos puesto en nuestra imaginación antes?

¿… y qué vas a poner tú en tu mente de ahora en adelante…?

A TIEMPO

Cuenta la leyenda que un hombre oyó decir que la felicidad era un tesoro.

A partir de aquel instante, comenzó a buscarla.

Primero se aventuró por el placer y por todo lo sensual; luego, por el poder y la riqueza; después, por la fama y la gloria, y así fue recorriendo el mundo del orgullo, del saber, de los viajes, del trabajo, del ocio y de todo cuanto estaba al alcance de su mano.

En un recodo del camino, vio un letrero que decía: «Le quedan dos meses de vida.»

Aquel hombre, cansado y desgastado por los sinsabores de la vida, se dijo:

—Estos dos meses los dedicaré a compartir todo lo que tengo de experiencia, de saber y de vida con las personas que me rodean.

Y aquel buscador infatigable de la felicidad, sólo al final de sus días encontró que en su interior, en lo que podía compartir, en el tiempo que le dedicaba a los demás, en la renuncia que hacía de sí mismo por servir estaba el tesoro que tanto había deseado.

AUTOR DESCONOCIDO

Comprendió que para ser feliz se necesita amar; aceptar la vida como viene; disfrutar de lo pequeño y de lo grande; conocerse a sí mismo y aceptarse tal como se es; sentir-

se querido y valorado, pero también querer y valorar; tener razones para vivir y esperar, y también razones para morir y descansar.

Entendió que la felicidad brota en el corazón, con el rocío del cariño, la ternura y la comprensión.

Que son instantes y momentos de plenitud y bienestar; que está unida y ligada a la forma de ver a la gente y de relacionarse con ella; que siempre está de salida y que para tenerla hay que gozar de paz interior. Finalmente, descubrió que cada edad tiene su propia medida de felicidad y que sólo Dios es la fuente suprema de la alegría, por ser Él amor, bondad, reconciliación, perdón y donación total.

Y en su mente recordó aquella sentencia, que dice: «Cuánto gozamos con lo poco que tenemos y cuánto sufrimos por lo mucho que anhelamos.»

PERDÓN

El tema del día era «resentimiento», y el maestro nos había pedido que lleváramos papas y una bolsa de plástico.

Ya en clase, elegimos una papa por cada persona que guardábamos resentimiento: escribimos su nombre en ella y la pusimos dentro de la bolsa.

Como te puedes imaginar, algunas bolsas eran realmente pesadas. El ejercicio consistía en que durante una semana lleváramos con nosotros, donde fuéramos, esa bolsa de papas.

Naturalmente, la condición de las papas se iba deteriorando con el tiempo. El fastidio de acarrear esa bolsa en todo momento me mostró claramente el peso espiritual que cargaba a diario y cómo, mientras ponía mi atención en ella para no olvidarla en ningún lado, desatendía tareas que eran más importantes para mí.

Todos tenemos papas pudriéndose en nuestra mochila. Este ejercicio fue una gran metáfora del precio que pagaba a diario por mantenerme en el dolor, la rabia y la negatividad. Me di cuenta que cuando hacía importantes los temas incompletos o las promesas no cumplidas me llenaba de resentimiento, aumentaba mi estrés, no dormía bien y mi atención se dispersaba. Perdonar y dejarlas ir me llenó de paz y calma alimentando mi espíritu de poder personal.

«Reconoce que no sabes toda la historia. Una de las cosas que puede ayudarte a perdonar es reconocer tu ignorancia.»

AUTOR DESCONOCIDO

El perdón es una expresión del amor. No quiere decir que estés de acuerdo con lo que pasó, ni que lo apruebes, ni que lo vayas a olvidar.

Perdonar no significa dejar de darle importancia a lo que sucedió, ni darle la razón a alguien que te hirió...

Simplemente significa dejar de lado aquellos pensamientos negativos que aparecen acerca de alguien o algo que nos causó dolor. Dejando las cosas como están y continuando tu vida.

«No es necesario que sepas cómo perdonar. Sólo tu intención de hacerlo es suficiente. De todo lo demás se ocupará el universo.»

Muchas veces pensamos que el perdón es un regalo para el otro sin darnos cuenta que los únicos beneficiados somos nosotros mismos.

La falta de perdón es, de lejos, el veneno más destructivo para el espíritu, ya que neutraliza los recursos emocionales que tienes.

El perdón es una declaración que puedes y debes renovar a diario.

Muchas veces, la persona más importante a la que tienes que perdonar es a ti mismo por todas las cosas que no fueron de la manera que pensabas.

LA DECLARACIÓN DEL PERDÓN ES LA CLAVE PARA LIBERARTE. ¿Con qué cosas estás resentido? ¿A quiénes no puedes perdonar? ¿Cómo te beneficiaría resolverlas? ¿Qué pasos podrías dar hoy para empezar?

«Alivia tu carga y estarás más libre de moverte hacia tus objetivos.»

CARTA A DIOS

Tú, que eres un Dios nunca comprobado ni demostrado, escondido siempre entre santos, salmos y cantos:

¿Existes realmente?

¿Dónde estás que nunca te podemos ver?

¿Por qué, si dices amarnos tanto, nos mandas terremotos, maremotos, ciclones y aluviones que matan a tanta gente?

¿Por qué no nos detienes y nos iluminas para evitar tanta demencia y el horror en el mundo, las guerras, la crisis social, la miseria, el dolor…?

¿Qué clase de pastor eres que permites que tu rebaño se mate entre sí?

¿Por qué permites que existan niños muriendo de hambre? ¿Por qué la vejez en abandono…?

¿Por qué enfermedades incurables y cánceres? ¿No dices que nunca desamparas a los que amas…?

¿Por qué nos arrebatas a nuestros seres queridos siempre, cuando ni ellos ni nosotros estamos preparados?

¿Por qué algunos somos estériles y a otros nos mandas criaturas sordas, mudas, ciegas, minusválidas, retrasadas o enfermas?

Y si el sexo fue un regalo, ¿por qué entonces el sida?

¿Por qué habría de ser malo disfrutar de la vida y es pecado el sexo sin compromiso? ¿Acaso la felicidad y el placer no son una expresión de nuestra humanidad?

No nos puedes acusar de blasfemos, pues no nos preguntaste si queríamos estar aquí, si queríamos todo esto.

A pesar de todo esto, no te necesitamos. Hoy nos queremos unir para alcanzar nuestros objetivos y solucionar por nosotros mismos todo esto.

Mira nuestros avances, mira nuestra tecnología: hemos llegado a la Luna, todo nuestro mundo está interconectado, nuestras industrias informatizadas y produciendo al máximo, nuestro conocimiento universal ha aumentado y es de fácil acceso. Crecemos y construimos.

Podemos vivir sin ti, pues —si es que existes— nada has hecho...

AUTOR DESCONOCIDO

RESPUESTA DE DIOS

En primer lugar, no puedes hablar por todos los tuyos. No todos comparten tus dudas, tus desilusiones y tus iras.

No quieras tapar el Sol con un dedo ni asfixiarme a causa de tus frustraciones. No tengo la culpa de ellas. Dices que no logras verme, hijo mío; qué esperas, ¿zarzas ardiendo como cuando Abraham existía, ángeles alados como en los tiempos de Jacob o María? ¿Esperas algo espectacular? Yo no tengo necesidad de esconderme, pero no será con la razón que me debes llamar.

Búscame en lo más profundo de tus necesidades, de tus dolores, de tus desamores y de tus dudas para volver a levantarte a la superficie.

Búscame desnudo, así como te envié a este mundo, para poder curar tus heridas y abrigarte del frío.

Búscame vacío para poder llenarte.

No vengas a Mí con preguntas y pruebas; tú ya tienes tus respuestas, aunque no quieras voltearte a verlas.

Me buscas en lo complejo cuando sabes que estoy en lo simple.

Miras al horizonte buscándome y no me ves porque estoy muy cerca de ti.

Me agradan los salmos y los cantos, y los santos te guían hacia Mí, pero no confundas la forma con el fondo.

Háblame y cántame desde lo mas hondo, y oirás cómo te canto yo a ti.

Me acusas de muertes tempranas y de haberte causado dolores profundos. Sí, me acuerdo cuando te «quité» a tu madre cuando eras niño. Pero mi criatura amada, permíteme explicarte que mi llamada no es sólo para aquel que parte y viene a Mí, sino también para aquel que se queda a continuar la misión que le encargué.

Ella ya había cumplido con resolver los asuntos pendientes que yo le encomendé en esta vida, me ayudó a ponerte a ti en la Tierra y a ordenar la existencia de los suyos, tocando positivamente sus vidas. No es casualidad el nacer o el morir.

Hay un plan divino, pero también tienes la libertad para decidir si encajas en él y obras con bien o con maldad.

Tal vez no estás de acuerdo con mi plan: hombres con defectos y minusválidos, niños sin destino aparente y sin salida de sus limitaciones. Quizá parezca injusta la suerte que corren algunos durante sus vidas.

Pero ellos hallarán la calma si descubren, finalmente, que toda la gente tiene lo necesario para vivir como quieran vivir.

LA MISERIA LA LLEVAS EN EL ALMA, NO EN LOS BOLSILLOS. POBRE NO ES AQUEL QUE TIENE POCO, SINO EL QUE MÁS NECESIDADES TIENE.

La felicidad está en tu capacidad de amar, de servir, de ser humilde, de compartir aun en la adversidad y de ser atento a las necesidades de los demás. Si así eres, no necesitas de mucho para ser feliz. Si no eres así, entonces has descubierto el secreto de la clase de miseria que ni el oro remedia.

No es cuánto tengas, sino cómo lo uses. A ti te di ciertos dones, y a ellos les di otros, pero a ninguno le di más ni menos que a ti. Parecerá distinto a veces, como que unos concentraron, con exceso y con creces, lo que a ti no se te dio.

Pero todo está medido, compensado y previsto. Todos viven como quieren vivir; ser pobre o limitado, física o psicológicamente, no es excusa como para no salir adelante; cuanto más difícil es el trabajo, más valoras lo que tienes y más satisfacción te dan los logros.

Cuanto más tienes más debes compartir, más debes servir a aquellos que carecen de lo que a ti te sobra y que, a veces, no aprecias y no agradeces.

No compares, valora. Y si estás atento a aquello que otros tienen y que tú no, estate atento también a aquello que tienes y que muchos no.

Me acusas insolentemente de mi supuesta indolencia y responsabilidad de tanto caos, de tanta desesperación, de la demencia, del horror y sufrimiento innecesario. Es justamente por tu prisa de crecer, de ser independiente, autosuficiente y poderoso, que tú mismo te causas todo esto. Es por vivir lejos de Mí, por restarme importancia en tu vida y en tus actos, por negarme y rechazarme para justificar tus pecados y culpas —ante ti mismo y los demás—, que tú mismo sufres y haces sufrir a los tuyos.

¿Me culpas porque les salió mal el experimento de la vida, porque no supieron administrar lo que les di…? Les di un mundo en armonía, ¿y qué han hecho con él? Especies en extinción, contaminación…

Acaso la ciencia debía terminar en pruebas nucleares y clonaciones. Eliminar pueblos enteros y depredar la vida en diferentes lugares debe de ser el resultado de las capacidades que les di. Lo que a la madre naturaleza le ha tomado millones de años en lograr el hombre lo desbarata de un hachazo o de un balazo.

¿Qué puedo hacer yo al respecto, si ustedes no me buscan ni me piden esa «iluminación» de la que tú hablas? ¿Yo estoy tras los desastres naturales, me dices…?

La naturaleza es un sistema sabio, perfecto y autosuficiente como tu organismo, y debe controlar la crisis demográfica para que tú no te asfixies por la falta de visión de tus gobernantes.

Tu contaminación al medio ambiente hace el resto, como por ejemplo los maremotos producto del efecto invernadero.

No habrían muertes por hambre y miseria si la formación de cada familia de donde salen los líderes estuviera basada en los valores que yo les enseñé.

Si cada uno toma lo que quiere y cuando quiere de mi mensaje, entonces es sencillo prever la mala distribución de los recursos naturales y, peor aún, de las aberraciones humanas y la crisis social por la cual la vida no vale nada en las calles.

Todo cimiento moral se basa en mi... ¿Qué puedo hacer yo, si distorsionan mis leyes y sus propias leyes para acomodarlas a «su» acomodada moralidad? El sexo fue un regalo para tu deleite, eso nadie te lo discute. Pero yo no tuve en mente que despilfarres tu semilla ni la promiscuidad.

El hombre ha creado las consecuencias, yo no. Recuerda que yo te di la libertad para usar y administrar todo lo que te di; cúlpame por la abundancia de recursos a tu alrededor, pero no de las consecuencias del mal uso que tú mismo le das.

Contaminan, degeneran, deforman y profanan la perfecta máquina biológica que les di.

Delitos y aberraciones sexuales, iniquidad y, lo más triste, medios de comunicación irresponsables con la niñez...

¿A eso llamas libertad sexual?

Te cortas y te quitas lo que crees que no sirve y que yo te di con un propósito sabio; te añades y dependes de cosas que no te di y no necesitas, y que hasta son mortales. Encima de culparme de todo lo malo, me excluyes de lo bueno para darte más valor a ti mismo.

«¿Crees que lo has logrado tú solo?»

Muy bien, pero ¿qué es eso que has logrado?

«¿Crees que has avanzado más que ayer?»

Con todas tus soluciones tecnológicas.

«¿Crees que has mejorado tu calidad de vida?»

Dices que tu poder de intercomunicación global es grande, con satélites, ordenadores, celulares e internet, pero no puedes con las dificultades generacionales que te impiden comunicarte con tus padres o con tus hijos...

Golpes, insultos; ni siquiera puedes decir buenos días o buenas noches a tus vecinos. Ni a Mí.

Tu «hipercomunicación» sólo te ha revelado cuán solo estás dentro de tu propio mundo.

Dices que tu tecnología te ha llevado a la Luna, pero no puedes cruzar la calle o dejar tu puerta abierta sin temor a que te roben o a que te maten.

Dices que te es posible construir inmensas estructuras en sitios inaccesibles, pero no puedes construir los valores que tú quisieras en ti mismo y en los tuyos, o construir el hogar feliz que quisieras.

Dices que con tus soluciones tecnológicas puedes hacer más rápidas y mejor las cosas, pero la automatización te ha hecho perder el sabor del ejercicio físico y mental, y del disfrutar las dificultades para valorar mejor los resultados te ha hecho ocioso, despreocupado e irresponsable.

Dices que tienes acceso a toda la información del mundo, pero no puedes saber de dónde vienes y para qué existes.

Dices que puedes almacenar toda la información que quieras, pero no puedes acordarte de tu aniversario de bodas o del cumpleaños de ese viejo amigo, ni de hacer el encargo que tu madre te ha encomendado.

Dices que las industrias están optimizadas, pero ¿acaso puedes evitar la contaminación del mar, del aire, de la tierra o la deforestación que está destruyendo lentamente el único sitio que tienes para vivir? ¿Puedes evitar acaso el abuso laboral, la corrupción y el ansia de dinero y de poder fácil?

Dices que la tecnología ha hecho tu vida más sencilla. Dime, ¿es tu vida más fácil o mejor?

Dices que tu tecnología te asegura mayor salud, pero hoy se mueren más rápido que antes por la mala comida.

Miles de personas mueren por los errores médicos y por las enfermedades creadas por tu propia ciencia y tus malos hábitos. Tus políticas sociales matan a los niños y se mueren por enfermedades perfectamente evitables y de hambre.

Dices que la educación ahora llega a todos, que ya no hay tanto analfabetismo ni ignorancia.

¿Qué sistema educativo es ese que no te da los valores morales ni sociales suficientes como para evitar tanto morbo en los medios de comunicación, tan poco respeto por la vida y por la dignidad personal y sexual? ¿Tanta lucha por el poder a costa de la amistad misma y de los derechos elementales, tanto valor al dinero en vez de al amor, tan poca capacidad de servir y de perdonar a los demás, tanto valor al trabajo en vez de la educación familiar de tus niños?

Entonces, ¿de que te lamentas? ¿Por qué blasfemas así? Si, en resumidas cuentas, no mereces la vida que te di ni me mereces a Mí.

«¿Qué haces tú ante esto?»

En vez de estar juzgando y maldiciendo, encuentra el error y busca el remedio: enseña la verdad con el ejemplo, ama y trabaja por los tuyos en vez de juzgar; ahí está tu solución. Nuestra solución.

Eres el dueño de tu futuro y cosecharás lo que hoy siembras.

Hijo mío, yo te tengo en mi memoria y en mi corazón; tu nombre lo tengo en mi boca todos los días, y tu felicidad está en mis sueños cada noche.

Hoy te has caído solamente, pero si has sido inteligente para crear tanta tecnología para acercarse más los unos a los otros y simplificar la vida, si alguna vez acumulaste tanta sabiduría filosófica aunque hoy no la practiques, si has sido capaz de eso, serás capaz de encontrar la salida de este laberinto que te has construido tú mismo.

Y yo te voy a ayudar, hoy como ayer, porque sé que a pesar de tus irreverencias, de tu soberbia, de tus pecados, de tu ansia de poder, de independencia y de acumulación de riquezas, sé que me añoras, me buscas, me necesitas, porque yo encierro todo ese lado bueno que tu oscuridad, a veces, te hace esconder; yo significo tu esperanza, tu luz, tu destino eterno de amor y felicidad.

Hoy te he sacado a la luz todo lo malo en ti para hacerte comprender muchas cosas, y la más importante de todas: nunca te olvides de Mí; yo nunca me olvidaré de ti, a pesar del rechazo, del mal que te haces a ti mismo y a los tuyos por error.

Y otra cosa importante: eres responsable de lo bueno en ti, pero también de lo malo, pues ambos son parte de ti; tú le das la forma y eres también responsable por cómo y cuánto te afectará. Cuanto más te afecta algo, es más responsabilidad tuya. Y cuando comprendas esto, entonces tomarás conciencia de tu fortaleza, y más rápido aprenderás de tus errores y te levantarás para seguir construyendo tu camino.

Yo seré tu bastón al caminar, seré el viento que limpie, labre y suavice el terreno, pero las piedras tú mismo deberás quitarlas, a mano limpia.

Hoy te hablé de tus errores, pero si me lo permites mañana hablaremos de todo lo bello que has logrado.

Hubiese podido darte el cielo, sin tanta lucha ni desvelo tuyo, pero ¿cuál sería la gloria? Debes, pues, completar tu misión para alcanzar la perfección que buscas. Para alcanzarme.

Te ama. «Dios.»

AUTOR DESCONOCIDO

ESTRELLAS DE MAR

Un escritor que estaba en su casa de la playa terminando su última obra, todas las mañanas, muy temprano, salía a pasear por la costa unos minutos antes de empezar su trabajo. Esa mañana observó, en la distancia, a un joven que parecía estar bailando... Corría hacia el mar, levantaba sus brazos, daba la vuelta y volvía a repetir el movimiento una y otra vez.

Lentamente, el escritor se fue acercando al joven hasta que, al aproximarse, vio que en realidad estaba recogiendo algo de la arena y que luego se acercaba al agua para lanzarlo mar adentro.

Ya más cerca, vio que el joven tomaba estrellas de mar que habían quedado en la arena al bajar la marea y corría hasta el agua para arrojarlas tan lejos como podía mar adentro.

Al llegar a su lado, el escritor le preguntó:

—Buenos días, ¿qué estás haciendo?

—Salvo estrellas de mar antes que el sol las deshidrate y mueran —contestó el joven, sin abandonar su empeño.

—Pero ¿no te das cuenta que es una tarea inútil? —le dijo el escritor—. En estos momentos debe haber miles o millones de estrellas que quedaron fuera del agua y jamás podrás salvarlas a todas.

El joven se detuvo sólo un instante, miró la estrella que llevaba en la mano en esos momentos, luego giró su cabeza hasta enfrentar los ojos del escritor, y le dijo:

—No importa; quizá no pueda salvar a todas, pero al menos ésta que tengo en la mano notará la diferencia... —y continúo febrilmente con su tarea.

El escritor meneó su cabeza, completó su caminata y se sentó a continuar su trabajo. Sin embargo, algo lo incomodaba y daba vueltas en su cabeza.

«Al menos ésta notará la diferencia», era la frase que lo inquietaba. Finalmente lo comprendió… Incluso un pequeño cambio que en nada afecta los resultados finales SIEMPRE es valioso para quien se beneficia de él.

Para ESA estrella, ¡¡era muy valioso ser rescatada!!

A la mañana siguiente, muy temprano, un caminante ocasional advirtió con asombro que dos personas —una mayor y otra más joven— parecían bailar junto a la playa… Corrían hacia el mar, levantaban sus brazos, daban la vuelta y volvían a repetir el movimiento una y otra vez.

Lentamente empezó a acercarse para ver qué ocurría…

AUTOR DESCONOCIDO

¿No será hora de que empecemos a buscar nuestras propias estrellas de mar?

EL BIGOTE DEL TIGRE

Una joven mujer, llamada Yun Ok, fue un día a casa de un ermitaño de la montaña en busca de ayuda.

El ermitaño era un sabio de gran renombre, hacedor de ensalmos y pociones mágicas.

Cuando Yun Ok entró en su casa, el ermitaño, sin levantar los ojos de la chimenea que estaba mirando, dijo:

—¿Por qué viniste?

Yun Ok respondió:

—Oh, sabio famoso, ¡estoy desesperada! ¡Hazme una poción!

—Sí, sí, ¡hazme una poción! ¡Todos necesitan pociones! ¿Podemos curar un mundo enfermo con una poción?

—Maestro —insistió Yun Ok—, si no me ayudas estaré verdaderamente perdida.

—Bueno, ¿cuál es tu problema? —dijo el ermitaño, resignado por fin a escucharla.

—Se trata de mi marido —comenzó Yun Ok—. Tengo un gran amor por él. Durante los últimos tres años ha estado peleando en la guerra. Ahora que ha vuelto, casi no me habla, a mí ni a nadie. Si yo hablo, no parece oír. Cuando habla, lo hace con aspereza. Si le sirvo comida que no le gusta, le da un manotazo y se va enojado de la habitación. A veces, cuando debería estar trabajando en el campo de arroz, lo veo sentado ociosamente en la cima de la montaña, mirando hacia el mar.

—Sí; así ocurre a veces cuando los jóvenes vuelven a su casa después de la guerra —dijo el ermitaño—. Prosigue.

—No hay nada más que decir, ilustrado. Quiero una poción para dársela a mi marido, a ver si se vuelve cariñoso y amable, como era antes.

—¡Ja! Tan simple, ¿no? —replicó el ermitaño—. ¡Una poción...! Muy bien, vuelve en tres días y te diré qué nos hará falta para esa poción.

Tres días más tarde, Yun Ok volvió a la casa del sabio de la montaña.

—Lo he pensado —le dijo—. Puedo hacer tu poción. Pero el ingrediente principal es el bigote de un tigre vivo. Tráeme su bigote y te daré lo que necesitas.

—¡El bigote de un tigre vivo! —exclamó Yun Ok—. ¿Cómo haré para conseguirlo?

—Si esa poción es tan importante, obtendrás éxito —dijo el ermitaño.

Y apartó la cabeza, sin más deseos de hablar.

Yun Ok se marchó a su casa. Pensó mucho en cómo conseguiría el bigote del tigre.

Hasta que una noche, cuando su marido estaba dormido, salió de su casa con un bol de arroz y salsa de carne en la mano.

Fue al lugar de la montaña donde sabía que vivía el tigre.

Manteniéndose alejada de su cueva, extendió el bol de comida, llamando al tigre para que viniera a comer. El tigre no vino.

A la noche siguiente, Yun Ok volvió a la montaña, esta vez un poco más cerca de la cueva. De nuevo, ofreció al tigre un bol de comida.

Todas las noches Yun Ok fue a la montaña, acercándose cada vez más a la cueva, unos pasos más que la noche anterior. Poco a poco, el tigre se acostumbró a verla allí.

Una noche, Yun Ok se acercó a pocos pasos de la cueva del tigre.

Esta vez, el animal dio unos pasos hacia ella y se detuvo. Los dos quedaron mirándose bajo la Luna. Lo mismo ocurrió a la noche siguiente, y esta vez estaban tan cerca que Yun Ok pudo hablar al tigre con una voz suave y tranquilizadora.

La noche siguiente, después de mirar con cuidado los ojos de Yun Ok, el tigre comió los alimentos que ella le ofrecía. Después de eso, cuando Yun Ok iba por las noches, encontraba al tigre esperándola en el camino.

Cuando el tigre había comido, Yun Ok podía acariciarle suavemente la cabeza con su mano. Casi seis meses habían pasado desde la noche de su primera visita.

Al final, una noche, después de acariciar la cabeza del animal, Yun Ok dijo:

—Oh, tigre, animal generoso, es preciso que tenga uno de tus bigotes. ¡No te enojes conmigo! —y le arrancó uno de los bigotes.

El tigre no se enojó, como ella temía. Yun Ok bajó por el camino, no caminando sino corriendo, con el bigote aferrado fuertemente en la mano.

A la mañana siguiente, cuando el Sol asomaba desde el mar, ya estaba en la casa del ermitaño de la montaña.

—¡Oh, famoso! —gritó—. ¡Lo tengo! ¡Tengo el bigote del tigre! Ahora puedes hacer la poción que me prometiste para que mi marido vuelva a ser cariñoso y amable.

El ermitaño tomó el bigote y lo examinó. Satisfecho, pues realmente era de tigre, se inclinó hacia delante y lo dejó caer en el fuego que ardía en su chimenea.

—¡Oh, señor! —gritó la joven mujer, angustiada—. ¿Qué hiciste con el bigote?

—Dime cómo lo conseguiste —dijo el ermitaño.

—Bueno, fui a la montaña todas las noches con un bol de comida. Al principio me mantuve lejos, y me fui acercando un poco cada vez, ganando la confianza del tigre. Le hablé con voz cariñosa y tranquilizadora para hacerle entender que sólo deseaba su bien. Fui paciente. Todas las noches le llevaba comida, sabiendo que no comería. Pero no cedí. Fui una y otra vez. Nunca le hablé con aspereza. Nunca le hice reproches. Y por fin, una noche, dio unos pasos hacia mí. Llegó un momento en que me esperaba en el camino y comía del bol que yo llevaba en las manos. Le acariciaba la cabeza y él hacía sonidos de alegría con la garganta. Sólo después de eso le arranqué el bigote.

—Sí, sí —dijo el ermitaño—, domaste al tigre y te ganaste su confianza y su amor.

—Pero tú arrojaste el bigote al fuego —exclamó Yun Ok, llorando—. ¡Todo fue para nada!

—No; no me parece que todo haya sido para nada —repuso el ermitaño—. Ya no hace falta el bigote. Yun Ok, déjame que te pregunte algo: ¿es acaso un hombre más cruel que un tigre? ¿Responde menos al cariño y la comprensión? Si puedes ganar con cariño y paciencia el amor y la confianza de un animal salvaje y sediento de sangre, sin duda puedes hacer lo mismo con tu marido.

Al oír esto, Yun Ok permaneció callada unos segundos. Luego, avanzó por el camino reflexionando sobre la verdad que había aprendido en casa del ermitaño de la montaña…

AUTOR DESCONOCIDO

COMPAÑÍA

Recibí una llamada telefónica de un muy buen amigo. Me dio mucho gustó escucharle. Lo primero que me preguntó fue:

—¿Cómo estás?

Y sin saber por qué, le contesté:

—Muy solo.

—¿Quieres que hablemos? —me dijo.

Le respondí que sí.

—¿Quieres que vaya a tu casa?

—Sí.

Colgó el teléfono y en menos de quince minutos ya estaba llamando a mi puerta.

Le hablé durante horas de todo: de mi trabajo, de mi familia, de mi novia, de mis deudas…, y él me escuchó siempre atento.

Se nos hizo de día; quedé muy cansado mentalmente, pero me había hecho mucho bien su compañía y, sobre todo, que me escuchara, que me apoyara y me hiciera ver mis errores. Me sentía muy a gusto.

Cuando él observó que yo ya me encontraba mejor, me dijo:

—Bueno, me voy; tengo que ir a trabajar.

Yo me sorprendí, y le dije:

—¿Por qué no me habías dicho que tenías que ir a trabajar? Mira la hora que es, no dormiste nada, te quité tu tiempo toda la noche.

El sonrió, y me dijo:

—No hay problema, para eso estamos los amigos.

Yo me sentí feliz y orgulloso de tener un amigo así.

Lo acompañé a la puerta de mi casa. Cuando él caminaba hacia su automóvil, le grité desde lejos:

—Y, a todo esto, ¿por qué llamaste anoche tan tarde?

Él regresó, y me dijo en voz baja:

—Es que te quería dar una noticia…

—¿Qué pasó?

—Fui al doctor y me dijo que estoy muy enfermo.

Yo me quedé mudo. Él sonrió, y me dijo:

—Ya hablaremos de eso. Que tengas un buen día…

Se dio la vuelta y se fue. Pasó un buen rato hasta que asimilé la situación, y me pregunté una y otra vez: «¿Por qué cuando me preguntó cómo estaba me olvidé de él y sólo hablé de mí? ¿Cómo tuvo la fuerza de sonreírme, de darme ánimos, de decirme todo lo que me dijo, estando él en esa situación…? Esto es increíble…»

Desde entonces, mi vida ha cambiado. Suelo ser menos dramático con mis problemas y disfrutar más de las cosas buenas de la vida.

Ahora aprovecho más el tiempo con la gente que quiero.

AUTOR DESCONOCIDO

«El que no vive para servir… no sirve para vivir…»
La vida es como una escalera: si miras hacia arriba siempre serás el último de la fila, pero si miras hacia abajo verás que hay mucha gente que quisiera estar en tu lugar.
Detente a escuchar y a ayudar a tus amigos, a tus hermanos… Te necesitan.

NUNCA ESTARÁN SOLOS AL VOLAR

Un día, un ángel se arrodilló a los pies de Dios y le habló:

—Señor, visité toda tu creación. Estuve en todos los lugares. Vi que eres parte de todas las cosas. Y por eso vine hasta ti, Señor, para tratar de entender. ¿Por qué cada una de las personas sobre la Tierra tiene apenas un ala? Los ángeles tenemos dos. Podemos ir hasta el amor que el Señor representa siempre que lo deseamos. Podemos volar hacia la libertad siempre que queramos. Pero los humanos, con su única ala, no pueden volar. No podrán volar con apenas un ala...

Dios respondió:

—Sí, ya sé eso. Sé que hice a los humanos solamente con un ala...

Intrigado, el ángel quería entender, y preguntó:

—Pero ¿por qué el Señor dio a los hombres solamente un ala cuando son necesarias dos para que puedan volar?

Sin prisa, Dios respondió:

—Ellos sí pueden volar, mi ángel. Di a los humanos una sola ala para que ellos pudiesen volar más y mejor que nuestros arcángeles... Para volar, mi pequeño amigo, tú precisas de tus dos alas... Y aunque libre, tú estas solo... Mas los humanos... Los humanos, con su única ala, precisarán siempre dar las manos a alguien a fin de tener sus dos alas. Cada uno ha de tener un par de alas... Cada uno ha de buscar su segunda ala en alguien, «en algún lugar del mundo...», para que se complete su par. Así, todos aprenderán a respetarse y a no quebrar la única ala de la otra persona, porque pueden estar acabando con su oportunidad de volar. Así, mi ángel, ellos aprenderán a amar verdaderamente a la otra persona... Aprenderán que solamente permitiéndose amar, ellos podrán volar.

«Tocando el corazón de otra persona, ellos podrán encontrar el ala que les falta y podrán finalmente volar.»

«Solamente a través del amor podrán llegar hasta donde estoy... Así como lo haces tú, mi ángel.»

«Ellos nunca, nunca estarán solos al volar.»

AUTOR DESCONOCIDO

INSTRUCCIONES PARA UNA VIDA MEJOR

1. Come sano; la alimentación es básica para una buena salud.

2. Dale a la gente más de lo que esperan y hazlo con gusto.

3. Memoriza tu poema favorito.

4. Manéjate desde la confianza, elimina la necesidad, descansa justo lo que tu cuerpo te pide.

5. Cuando digas «Te amo», manifiéstalo desde la verdad de tus sentimientos.

6. Cuando digas «Lo siento», mira a la persona a los ojos.

7. Mantén un noviazgo el tiempo que te permita conocerte, antes de casarte.

8. Cree en el amor a primera vista.

9. Jamás te burles de los sueños de los demás.

10. Ama profunda y apasionadamente.

11. Frente a los desacuerdos, analízate… Recuerda que para que haya guerra se necesitan dos.

12. Deja de juzgar.

13. Habla lentamente y piensa lo que dices… Recuerda que el pensamiento es energía.

14. Cuando alguien te haga una pregunta que no quieres responder…, sonríe y siéntete a salvo.

15. Recuerda que el más grande amor y los mayores logros involucran mayores riesgos.

16. Llama a tu mamá.

17. Di «¡¡Salud!!» cuando escuches a alguien estornudar, y ten la certeza de que por ahí está un ángel.

18. Cuando sientes que pierdes… contacta con la lección que ese instante te regala.

19. Recuerda: respeto a ti mismo, respeto a los demás, responsabilidad para todas tus acciones.

20. Una disputa jamás puede dañar una gran amistad.

21. Cuando te des cuenta que has cometido un error, toma medidas inmediatas para corregirlo.

22. Sonríe cuando respondas el teléfono. Quien llama lo podrá escuchar en tu voz.

23. Cásate con un hombre/mujer que guste de conversar… Cuando se hagan viejos, sus habilidades de conversación serán más importantes que cualquier otra.

24. Pasa algún tiempo en soledad.

25. Abre tus brazos al cambio, sin desprenderte de tus valores.

26. Recuerda que el silencio es, a veces, la mejor respuesta.

27. Lee más libros y ve menos televisión.

28. Vive una vida buena, honorable e intensa. Luego, cuando te hagas mayor y recuerdes el pasado, verás cómo la disfrutarás por segunda vez.

29. Confía en Dios… Llénate de las mejores energías y pensamientos.

30. Una atmósfera armoniosa y amorosa en tu hogar es importante. Tú puedes crearla.

31. Ante desacuerdos con tus seres queridos, céntrate en la situación presente. No traigas de vuelta el pasado.

32. Lee entre líneas.

33. Comparte tu conocimiento. Es tarea que te corresponde.

34. Sé gentil y consciente con el planeta…

35. Aborda el amor y la cocina con un cierto temerario abandono.

36. Jamás interrumpas cuando estés siendo halagado.

37. Ocúpate de tus propios asuntos.

38. Cierra los ojos cuando besas... es una forma de conectar alma con alma.

39. Una vez al año visita algún lugar donde nunca hayas estado.

40. Si ganas mucho dinero, disponlo para ayudar a otros mientras estés con vida. Es la mayor satisfacción que la fortuna puede dar.

41. Recuerda que el no conseguir lo que quieres, cuando eres congruente, tiene que ver con los planes de la perfección divina.

42. Aprende todas las reglas y rompe algunas sin causar daño a nadie.

43. Ten presente que la mejor de las relaciones es aquélla donde el amor entre dos personas es más grande que la necesidad del uno por el otro.

44. Sopesa tu éxito en la medida de lo que tuviste que renunciar para obtenerlo.

45. Reza. Hay un poder inconmensurable en la oración. Dios siempre escucha.

LO QUE ES NECESARIO TENER EN EL MALETÍN DE PRIMEROS AUXILIOS

Palillo, liga, curita, lápiz, borrador, chicle, un chocolate Kiss y una bolsa de té.

¿Para qué? Veamos:

1. Palillo. Para acordarte de «escarbar» en los demás todas las cualidades que tienen.

2. Liga. Para acordarte de ser flexible, ya que las cosas y las personas no siempre son de la manera como tú quieres que sean.

3. Curita. Para ayudarte a curar aquellos sentimientos heridos, ya sean tuyos o de los demás.

4. Lápiz. Para que anotes diariamente todas tus bendiciones (que son muchas).

5. Borrador. Para acordarte que todos cometemos errores, y no pasa nada.

6. Chicle. Para acordarte de «pegarte» a todo aquello que puedes sacar adelante con tu esfuerzo.

7. Un chocolate Kiss. Para que te acuerdes que todo el mundo necesita un beso o un abrazo diariamente.

8. La bolsa de té. Para tomarte un tiempo, relajarte y hacer una lista de todo lo que tienes y tus bendiciones diarias.

LIBRO II

Cuentos con Alma

(Puentes de Luz)

LA INVITACIÓN

(Tomado de «Dreams of Desire», 1995)

No me interesa lo que haces para ganarte la vida... quiero
saber lo que ansías, y si te atreves a soñar en satisfacer
el deseo de tu corazón.

No me interesa tu edad... quiero saber si te arriesgarías
a parecer como un tonto por amor, por tus sueños,
por la aventura de estar vivo.

No me interesa cuáles planetas están en armonía
con tu luna... quiero saber si has tocado el centro de tu
pesadumbre, si las traiciones de la vida te han abierto, si te has
marchitado y cerrado por el miedo al dolor futuro.

Quiero saber si puedes sentarte con el dolor, el mío o el tuyo,
sin intentar esconderlo, desvanecerlo o arreglarlo.

Quiero saber si puedes estar con la alegría, la mía o la tuya...
si puedes bailar con locura y permitir que el éxtasis te llegue
hasta la punta de los dedos, sin advertirnos que seamos
cuidadosos, que seamos realistas o que recordemos
las limitaciones de los seres humanos.

No me interesa si la historia que me cuentas es verdadera...
quiero saber si decepcionas a otros para serte fiel a ti mismo,

si puedes soportar la acusación sin traicionar a tu propia alma.
Quiero saber si puedes ser fiel y, por tanto, ser confiado.

Quiero saber si puedes ver la belleza, aun cuando no sea bella
todos los días, y si puedes originar tu vida desde su presencia.

Quiero saber si puedes vivir con el fracaso, el tuyo o el mío,
y no obstante pararte a la orilla del lago y gritarle a la
Luna: «¡Sí!»

No me interesa saber en dónde vives o cuánto dinero tienes…
quiero saber si puedes levantarte después de una noche de
pesar y desesperación, cansado y golpeado hasta los huesos,
y hacer lo que se tiene que hacer por los niños.

No me interesa quién eres o cómo llegaste a estar aquí…
quiero saber si te pararás en el centro del fuego
conmigo sin rehuir.

No me interesa en dónde, o qué, o con quién has estudiado…
quiero saber qué es lo que te sustenta desde adentro cuando
todo lo demás desaparece.

Quiero saber si puedes estar solo contigo mismo,
y si verdaderamente te agrada la compañía que buscas
en los momentos vacíos…

SERÁS UN TRIUNFADOR

Cuando el egoísmo no limite tu capacidad de amar. Cuando confíes en ti mismo, aunque todos duden de ti y dejes de preocuparte por el qué dirán. Cuando tus acciones sean tan concisas en duración como largas en resultados. Cuando puedas renunciar a la rutina sin que ello altere el metabolismo de tu vida. Cuando sepas distinguir una sonrisa de una burla, y prefieras la eterna lucha que la compra de la falsa victoria. Cuando actúes por convicción y no por adulación. Cuando puedas ser pobre sin perder tu riqueza y rico sin perder tu humildad. Cuando sepas perdonar tan fácilmente como ahora te disculpas. Cuando puedas caminar junto al pobre sin olvidar que es un hombre y junto al rico sin pensar que es un Dios. Cuando sepas enfrentar tus errores tan fácil y positivamente como tus aciertos. Cuando halles satisfacción compartiendo tu riqueza. Cuando sepas obsequiar tu silencio a quien no te pide palabras, y tu ausencia a quien no te aprecia. Cuando ya no debas sufrir por conocer la felicidad y no seas capaz de cambiar tus sentimientos o tus metas por el placer. Cuando no trates de hallar las respuestas en las cosas que te rodean, sino en Dios y en tu propia persona. Cuando aceptes los errores, cuando no pierdas la calma, entonces y sólo entonces...

Serás... ¡UN TRIUNFADOR!

AUTOR DESCONOCIDO

AMAR ES DAR TODO

El hombre estaba tras el mostrador, mirando la calle distraídamente. Una niñita se aproximó a la tienda y apretó la naricita contra el vidrio del escaparate. Los ojos de color del cielo brillaban cuando vio un determinado objeto. Entró en la tienda y pidió ver el collar de turquesa azul.

—Es para mi hermana. ¿Puede hacer un paquete bien bonito? —dijo ella.

El dueño de la tienda miró desconfiado a la niñita, y le preguntó:

—¿Cuánto dinero tienes?

Sin dudar, sacó del bolsillo de su ropa un pañuelo todo atadito y fue deshaciendo los nudos. Colocó el dinero sobre el mostrador, y dijo feliz:

—¿Esto alcanza? —eran apenas algunas monedas las que exhibía orgullosa—. ¿Sabe?, quiero dar este regalo a mi hermana mayor. Desde que murió nuestra madre ella cuida de nosotros y no tiene tiempo para ella. Es su cumpleaños y estoy segura que quedará feliz con el collar, que es del color de sus ojos.

El hombre fue hacia la trastienda, colocó el collar en un estuche, lo envolvió con un vistoso papel rojo e hizo un trabajado lazo con una cinta verde.

—Toma —dijo a la niña—. Llévalo con cuidado.

Ella salió feliz, corriendo y saltando calle abajo.

Aún no acababa el día cuando una linda joven entró en la tienda. Colocó sobre el mostrador el ya conocido envoltorio, desecho, e indagó:

—¿Este collar fue comprado aquí? ¿Cuánto costó?

—¡Ah! —habló el dueño de la tienda—. El precio de cualquier producto de mi tienda es siempre un asunto confidencial entre el vendedor y el cliente.

La joven exclamó:

—Pero mi hermana tenía solamente algunas monedas. El collar es auténtico, ¿no? Ella no tendría dinero para pagarlo.

El hombre tomó el estuche, lo envolvió de nuevo con extremo cariño, colocó la cinta y lo devolvió a la joven. Le dijo:

—Ella pagó el precio más alto que cualquier persona puede pagar:

«ELLA DIO TODO LO QUE TENÍA.»

El silencio envolvió la pequeña tienda y dos lágrimas rodaron por la faz emocionada de la joven en cuanto sus manos tomaban el pequeño envoltorio.

AUTOR DESCONOCIDO

La verdadera donación es darse por entero, sin restricciones. La gratitud de quien ama no conoce límites para los gestos de ternura. Agradece siempre, pero no esperes el reconocimiento de nadie. Gratitud con amor no sólo reanima a quien recibe, reconforta a quien ofrece.

ALMORZANDO CON DIOS

Había una vez un pequeño niño que quería conocer a Dios. Él sabía que era un largo viaje llegar hasta donde Dios vivía, así que preparó su mochila con sándwich y botellas de leche chocolatada, y comenzó su viaje.

Cuando había andado tres calles, se encontró con una viejecita. Ella estaba sentada en el parque observando a unas palomas.

El niño se sentó a su lado y abrió su mochila. Estaba a punto de tomar un trago de su leche chocolatada cuando observó que la viejecita parecía hambrienta, así que le ofreció un sándwich. Ella, agradecida, lo aceptó y le sonrió. Su sonrisa era tan hermosa que el niño quiso verla otra vez, así que le ofreció una leche chocolatada. Una vez más, ella le sonrió. El niño estaba encantado.

Permanecieron sentados allí toda la tarde comiendo y sonriendo, aunque nunca se dijeron ni una palabra. A medida que oscurecía, el niño se dio cuenta de cuán cansado estaba y se levantó para marcharse. Antes de dar unos pasos más, se dio la vuelta, corrió hacia la viejecita y le dio un abrazo. Ella le ofreció su sonrisa más amplia.

Cuando el niño abrió la puerta de su casa un tiempo más tarde, a su madre le sorprendió la alegría en su rostro. Ella le preguntó:

—¿Qué hiciste hoy que te puso tan contento?

Él le respondió:

—Almorcé con Dios.

Pero antes de que su madre pudiese responder, añadió:

—¿Y sabes qué? ¡Ella tiene la sonrisa más hermosa que he visto!

Mientras tanto la viejecita, también radiante de dicha, regresó a su casa. Su vecina estaba impresionada con el reflejo de paz sobre su rostro, y le preguntó:

—¿Qué hiciste hoy que te puso tan contenta?

Ella respondió:

—Yo comí sándwich con Dios en el parque.

Pero antes de que su vecina respondiera a esto, añadió:

—¿Sabes?, es mucho más joven de lo que esperaba.

AUTOR DESCONOCIDO

Tal vez los otros no estén buscando a Dios, pero podrán verlo a Él en la bondad que muestres.

Puede ser un extraño, alguien con quien trabajas, un familiar o un amigo. Déjale que vea a Dios en ti. Muestra su amor en todo lo que hagas.

INVENTARIO

Aquel día lo vi distinto. Tenía la mirada enfocada en lo distante. Casi ausente. Pienso ahora que tal vez presentía que ése era el último día de su vida.

Me aproximé, y le dije:

—¡Buen día, abuelo!

Y él extendió su silencio. Me senté junto a su sillón y luego de un misterioso instante, exclamó:

—¡Hoy es día de inventario, hijo!

—¿Inventario? —pregunté, sorprendido.

—Sí. ¡El inventario de las cosas perdidas! —me contestó con cierta energía y no sé si con tristeza o alegría.

Y prosiguió:

—Del lugar de donde yo vengo, las montañas quiebran el cielo como monstruosas presencias constantes. Siempre tuve deseos de escalar la más alta. Nunca lo hice; no tuve el tiempo ni la voluntad suficientes para sobreponerme a mi inercia existencial. Recuerdo también a Mara, aquella chica que amé en silencio por cuatro años, hasta que un día se marchó del pueblo sin yo saberlo. ¿Sabes algo? —continúa el abuelo—. También estuve a punto de estudiar ingeniería, pero mis padres no pudieron pagarme los estudios. Además, el trabajo en la carpintería de mi padre no me permitía viajar. ¡Tantas cosas no concluidas, tantos amores no declarados, tantas oportunidades perdidas!

Luego, su mirada se hundió aún más en el vacío y se le humedecieron sus ojos. Y continuó:

—En los treinta años que estuve casado con Rita, creo que sólo cuatro o cinco veces le dije «te amo».

Luego de un breve silencio, regresó de su viaje mental y, mirándome a los ojos, me dijo:

—Éste es mi inventario de cosas perdidas, la revisión de mi vida. A mí ya no me sirve. A ti, sí. Te lo dejo como regalo para que puedas hacer tu inventario a tiempo.

Y luego, con cierta alegría en el rostro, continuó con entusiasmo y casi divertido:

—¿Sabes qué he descubierto en estos días?

—¿Qué, abuelo?

Aguardó unos segundos y no contestó, sólo me interrogó nuevamente:

—¿Cuál es el pecado más grave en la vida de un hombre?

La pregunta me volvió a sorprender y sólo atiné a decir, con inseguridad:

—No lo había pensado. Supongo que matar a otros seres humanos, odiar al prójimo y desearle el mal. ¿Tener malos pensamientos, tal vez?

Movió la cabeza de lado a lado, como reacción a mi respuesta errada. Me miró intensamente, como remarcando el momento, y en tono grave y firme me señaló:

—El pecado más grave en la vida de un ser humano es el pecado por omisión.

Y lo más doloroso es descubrir las cosas perdidas sin tener tiempo para encontrarlas y recuperarlas. Al día siguiente regresé temprano a casa, luego del entierro del abuelo, para realizar en forma urgente mi propio inventario de las cosas perdidas.

AUTOR DESCONOCIDO

No hay nada más triste en la vida de un hombre que

al final de sus años, volviendo la vista atrás, tenga que lamentarse por no haber sido más generoso.

Es hora de hacer tu inventario y ser agradecido con lo que Dios te ha dado.

EL EXPRESARNOS NOS DEJA MUCHAS SATISFACCIONES, así que no tengas miedo, y procura no quedarte con las ganas de nada... antes de que sea demasiado tarde...

AUXILIO EN LA LLUVIA

Una noche, sobre las once y media, una mujer afroamericana de edad avanzada estaba parada en el arcén de una autopista de Alabama tratando de afrontar una fuerte tormenta.

Su automóvil se había roto y ella necesitaba desesperadamente que la llevaran.

Toda empapada, decidió detener el próximo coche.

Un joven, blanco, se detuvo a ayudarla, a pesar de todos los conflictos raciales que habían ocurrido durante la década de los sesenta. El joven la llevó a un lugar seguro, la ayudó a obtener asistencia y la puso en un taxi.

Ella parecía estar bastante apurada. Anotó la dirección del joven, le agradeció el favor y se fue. Siete días pasaron cuando llamaron a la puerta del joven. Para su sorpresa, un televisor pantalla gigante a color le fue entregado por correo a su casa. Tenía una nota especial adjunta al paquete. Ésta decía:

> «Muchísimas gracias por ayudarme en la autopista la otra noche. La lluvia anegó no sólo mi ropa, sino mi espíritu. Entonces apareció usted. Gracias a usted, pude llegar al lado de la cama de mi marido, agonizante, justo antes de que muriera.
>
> »Dios lo bendiga por ayudarme y por servir a otros desinteresadamente.
>
> Sinceramente, la señora de Nat King Cole.»

AUTOR DESCONOCIDO

LO QUE DAMOS, REGRESA

Su nombre era Fleming y era un pobre agricultor inglés. Un día, mientras trataba de ganarse la vida para su familia, escuchó a alguien pidiendo ayuda desde un pantano cercano. Inmediatamente soltó sus herramientas y corrió hacia el pantano. Allí, enterrado hasta la cintura en el lodo negro, estaba un niño aterrorizado, gritando y luchando, tratando de liberarse del lodo. El agricultor Fleming salvó al niño de lo que pudo ser una muerte lenta y terrible.

Al día siguiente, un carruaje muy pomposo llegó hasta los predios del agricultor inglés. Un noble inglés, elegantemente vestido, se bajó del vehículo y se presentó a sí mismo como el padre del niño que Fleming había salvado.

—Yo quiero recompensarlo —dijo el noble inglés—. Usted salvó la vida de mi hijo.

—No; yo no puedo aceptar una recompensa por lo que hice —respondió el agricultor Fleming, rechazando la oferta.

En ese momento, el propio hijo del agricultor salió a la puerta de la casa de la familia.

—¿Es ése su hijo? —preguntó el noble inglés.

—Sí —respondió el agricultor, lleno de orgullo.

—Le voy a proponer un trato. Déjeme llevarme a su hijo y ofrecerle una buena educación. Si él es parecido a su padre, crecerá hasta convertirse en un hombre del cuál usted estará muy orgulloso.

El agricultor aceptó.

Con el paso del tiempo, el hijo de Fleming el agricultor se

graduó en la Escuela de Medicina del St. Mary's Hospital de Londres y se convirtió en un personaje conocido en todo el mundo: el premio Nobel sir Alexander Fleming, descubridor de la penicilina.

Algunos años después, el hijo del noble inglés cayó enfermo de pulmonía.

¿Qué lo salvó? La penicilina.

¿El nombre del noble inglés? Randolph Churchill.

¿El nombre de su hijo? Sir Winston Churchill.

AUTOR DESCONOCIDO

Alguien dijo una vez: «Siempre recibimos a cambio lo mismo que ofrecemos.»

APARIENCIAS

Moisés Mendelssohn, abuelo del conocido compositor alemán, distaba de ser guapo. Además de una estatura algo baja, tenía una grotesca joroba.

Un día visitó a un mercader de Hamburgo que tenía una hermosa hija llamada Frumtje.

Moisés se enamoró perdidamente de ella, pero a ella le repelía su apariencia deforme.

Cuando llegó el momento de despedirse, Moisés hizo acopio de su valor y subió las escaleras hasta donde estaba el cuarto de aquella hermosa joven, para tener la última oportunidad de hablar con ella.

Era muy hermosa, pero a Moisés le entristecía profundamente su negativa a mirarlo. Después de varios intentos de conversar con ella, le preguntó tímidamente:

—¿Crees que los matrimonios se crean en el cielo?

—Sí — respondió ella, todavía mirando al suelo—. ¿Y tú…?

—Sí, lo creo —contestó—. Verás; en el cielo, cada vez que un niño nace, Dios le anuncia con qué niña se va a casar. Cuando yo nací, me fue señalada mi futura esposa. Entonces Dios añadió: «Pero tu esposa será jorobada.» Entonces exclamé: «¡Oh, Señor!, una mujer jorobada sería una tragedia; dame a mí la joroba y permite que ella sea hermosa…»

Entonces Frumtje levantó la mirada para contemplar los ojos de Moisés y un hondo recuerdo la conmovió. Alargó su mano y se la dio. Tiempo después, ella era su esposa.

AUTOR DESCONOCIDO

Qué prejuicios tenemos ante quienes no son como nosotros, ante los desvalidos, los discapacitados, los que no opinan como nosotros, los que no viven de acuerdo a nuestras costumbres, los pobres, los inmigrantes, los de otros equipos de fútbol, los de otras religiones, etc.

La verdad es que, por muy creyentes que seamos, por muy inteligentes que nos consideremos, ninguno de nosotros sabe de veras por qué estamos aquí, por qué las cosas son como son. Así que disfrutemos, compartamos, integremos. Sumemos en vez de restar. Nosotros también somos los «diferentes» para las otras personas.

Vamos... hagamos un lugarcito, que en el banquete de la vida hay lugar para todos...

CREATIVIDAD
FRENTE A LOS PROBLEMAS

Cuenta una antigua leyenda que en la Edad Media un hombre muy virtuoso fue injustamente acusado de haber asesinado a una mujer.

En realidad, el verdadero autor era una persona muy influyente del reino y por eso, desde el primer momento, se procuró un chivo expiatorio para encubrir al culpable.

El hombre fue llevado a juicio ya conociendo que tendría escasas o nulas oportunidades de escapar al terrible veredicto... ¡la horca!

El juez, también coludido, cuidó no obstante de dar todo el aspecto de un juicio justo; por ello, dijo al acusado:

—Conociendo tu fama de hombre justo y devoto del Señor, vamos a dejar en manos de Él tu destino. Vamos a escribir, en dos papeles separados, las palabras «culpable» e «inocente». Tú escogerás y será la mano de Dios la que decida tu destino.

Por supuesto, el corrupto funcionario había preparado dos papeles con la misma leyenda: «CULPABLE», y la pobre víctima, aún sin conocer los detalles, se daba cuenta que el sistema propuesto era una trampa. No había escapatoria.

El juez conminó al hombre a tomar uno de los papeles doblados. Éste respiró profundamente, quedó en silencio unos cuantos segundos con los ojos cerrados y cuando la sala comenzaba ya a impacientarse abrió los ojos, y con una extraña sonrisa tomó uno de los papeles y, llevándolo a su boca, lo engulló rápidamente.

Sorprendidos e indignados los presentes, le reprocharon airadamente:

—¿Pero qué hizo? ¿Y ahora? ¿Cómo vamos a saber el veredicto?

—Es muy sencillo —respondió el hombre—. Es cuestión de
leer el papel que queda y sabremos lo que decía el que me tragué.

Con rezongos y enojo mal disimulados debieron liberar al
acusado y jamás volvieron a molestarlo.

AUTOR DESCONOCIDO

*Sé creativo. Cuando todo parezca perdido, usa la ima-
ginación.*

*«En los momentos de crisis sólo la imaginación es más
importante que el conocimiento.»*

ALBERT EINSTEIN

NO SABÍA CÓMO EDUCAR...
HASTA QUE TE CONOCÍ

Su nombre era Mrs. Thompson. Mientras estuvo al frente de su clase de quinto grado, el primer día de clase lo iniciaba diciendo a los niños una mentira. Como la mayor parte de los profesores, ella miraba a sus alumnos y les decía que a todos los quería por igual. Pero eso no era posible, porque ahí, en la primera fila, repantigado sobre su asiento, estaba un niño llamado Teddy Stoddard.

Mrs. Thompson había observado a Teddy desde el año anterior y había notado que él no jugaba muy bien con otros niños, su ropa estaba muy descuidada y constantemente necesitaba darse un buen baño. Teddy comenzaba a ser un tanto desagradable.

Llegó el momento en que Mrs. Thompson disfrutaba al marcar los trabajos de Teddy, con un bolígafo rojo, haciendo una gran «X» y colocando un cero muy llamativo en la parte superior de sus tareas.

En la escuela donde Mrs. Thompson enseñaba, le era requerido revisar el historial de cada niño, y ella dejó el expediente de Teddy para el final. Cuando examinó su expediente, se llevó una gran sorpresa.

La profesora de primer grado escribió: «Teddy es un niño muy brillante, con una sonrisa sin igual. Hace su trabajo de una manera limpia y tiene muy buenos modales... Es un placer tenerlo cerca.»

Su profesora de segundo grado escribió: «Teddy es un excelente estudiante; se lleva muy bien con sus compañeros, pero se nota preocupado porque su madre tiene una enfermedad incurable y el ambiente en su casa debe ser muy difícil.»

La profesora de tercer grado escribió: «Su madre ha muerto; ha sido muy duro para él. Él trata de hacer su mejor esfuerzo, pero su padre no muestra mucho interés y el ambiente en su casa le afectará pronto si no se toman ciertas medidas.»

Su profesora de cuarto grado escribió: «Teddy se encuentra atrasado con respecto a sus compañeros y no muestra mucho interés en la escuela. No tiene muchos amigos y, en ocasiones, duerme en clase.»

Ahora Mrs. Thompson se había dado cuenta del problema y estaba apenada con ella misma. Ella comenzó a sentirse peor cuando sus alumnos les llevaron sus regalos de Navidad, envueltos con preciosos moños y papel brillante, excepto Teddy. Su regalo estaba mal envuelto y con un papel amarillento que él había tomado de una bolsa de papel. A Mrs. Thompson le dio pánico abrir ese regalo en medio de los otros presentes. Algunos niños comenzaron a reír cuando ella encontró un viejo brazalete y un frasco de perfume con sólo un cuarto de su contenido. Ella detuvo las burlas de los niños al exclamar lo precioso que era el brazalete, mientras se lo probaba, y se colocaba un poco del perfume en su muñeca. Teddy Stoddard se quedó ese día al final de la clase el tiempo suficiente para decir:

—Mrs. Thompson, el día de hoy usted huele como solía oler mi mamá.

Después de que el niño se fuera, ella lloró por lo menos una hora.

Desde ese día, ella dejó de enseñarles a los niños aritmética, a leer y a escribir. En lugar de eso, comenzó a educar a los niños.

Mrs. Thompson prestó atención especial en Teddy. Conforme comenzó a trabajar con él, su cerebro comenzó a revivir.

Mientras más lo apoyaba, él respondía más rápido. Para el final del ciclo escolar, Teddy se había convertido en uno de los niños más aplicados de la clase y, a pesar de su mentira de que quería a todos sus alumnos por igual, Teddy se convirtió en uno de los consentidos de la maestra.

Un año después, Mrs. Thompson encontró una nota debajo de su puerta —era de Teddy— diciéndole que ella había sido la mejor maestra que había tenido en toda su vida. Seis años después, por las mismas fechas, recibió otra nota de Teddy; ahora escribía diciéndole que había terminado preparatoria, siendo el tercero de su clase, y ella seguía siendo la mejor maestra que había tenido en toda su vida.

Cuatro años después, recibió otra carta que decía que, a pesar de que en ocasiones las cosas fueron muy duras, se mantuvo en la escuela y pronto se graduaría con los más altos honores. Él le reiteró a Mrs. Thompson que seguía siendo la mejor maestra que había tenido en toda su vida, y su favorita.

Cuatro años después, recibió otra carta. En esta ocasión le explicaba que después de que concluyera su carrera, decidió viajar un poco. La carta le explicaba que ella seguía siendo la mejor maestra que había tenido, y su favorita, pero ahora su nombre se había alargado un poco: la carta estaba firmada por Theodore F. Stoddard.

La historia no termina aquí; existe una carta más que leer: Teddy ahora decía que había conocido a una chica con la cual iba a casarse. Explicaba que su padre había muerto hacía un par de años y le preguntaba a Mrs. Thompson si le gustaría ocupar, en su boda, el lugar que usualmente es reservado para la madre del novio. Por supuesto, Mrs. Thompson aceptó, y adivinen…

Ella llega luciendo el viejo brazalete y se aseguró de ponerse el perfume que Teddy recordaba que usó su madre la última

Navidad que pasaron juntos. Se dieron un gran abrazo, y el doctor Stoddard le susurró al oído:

—Gracias, Mrs. Thompson, por creer en mí. Muchas gracias por hacerme sentir importante y mostrarme que yo puedo hacer la diferencia.

Mrs. Thompson, con lágrimas en los ojos, tomó aire y dijo:

—Teddy, te equivocas; tú fuiste el que me enseñó a mí que yo puedo hacer la diferencia. No sabía cómo educar hasta que te conocí.

AUTOR DESCONOCIDO

Alegra el corazón de alguien hoy… Recuerda que adondequiera que vayas y hagas lo que hagas tendrás la oportunidad de tocar y/o cambiar los sentimientos de alguien, trata de hacerlo de una forma positiva.

¿EXITE DIOS?

Un hombre entró a una barbería a cortarse el cabello y entabló una conversación con la persona que le atendía. De pronto, tocaron el tema de Dios. El barbero dijo:

—Yo no creo que Dios exista, como usted dice.

—¿Por qué dice usted eso? —preguntó el cliente.

—Es muy fácil; al salir a la calle se da cuenta de que Dios no existe. Dígame: acaso si Dios existiera, ¿habría tantos enfermos? ¿Habría niños abandonados? Si Dios existiera no habría sufrimiento ni tanto dolor para la humanidad. No puedo pensar que exista un Dios que permita todas estas cosas.

El cliente se quedó pensando, y no quiso responder para evitar una discusión.

Una vez terminado el corte de pelo, el cliente salió del negocio y vio a un hombre con la barba y el cabello largo. Entró de nuevo a la barbería, y le dijo al barbero:

—¿Sabe una cosa? Los barberos no existen.

—¿Cómo? Si aquí estoy yo…

—¡No! —dijo el cliente—. No existen; si existieran no habría personas con el pelo y la barba tan larga como la de ese hombre.

—Los barberos sí existen, lo que ocurre es que esas personas no vienen hacia mí.

—¡Exacto! —dijo el cliente—. Ése es el punto. Dios sí existe, lo que pasa es que las personas no van hacia Él y no le buscan, por eso hay tanto dolor y miseria aquí, en la Tierra.

AUTOR DESCONOCIDO

¿QUÉ SIGNIFICA AMOR?

Un grupo de profesionales propuso a varios niños, con edades comprendidas entre cuatro a ocho años, la pregunta: «¿Qué significa amor?», y las respuestas obtenidas fueron más amplias y profundas de lo que cualquiera pudo imaginar:

«Amor es el primer sentimiento que hay antes de que todas las cosas malas aparezcan.»

«Cuando mi abuelita empezó a padecer artritis no podía pintarse las uñas de los pies; así que mi abuelito se las pintaba todo el tiempo, aun cuando empezó a padecer artritis en sus manos; eso es amor.»

«Cuando alguien te ama, la forma en que esa persona dice tu nombre es diferente. Sabes que tu nombre está seguro en su boca.»

«Amor es cuando una muchacha se pone perfume y un muchacho se pone colonia, salen juntos y se huelen mutuamente.»

«El amor es cuando sales con alguien a comer y le das la mayoría de tus papitas a la francesa sin hacer que esa otra persona te dé de las suyas.»

«Amor es cuando alguien te hace daño y te enojas mucho, pero no le gritas porque sabes que eso herirá sus sentimientos.»

«Una vez, mi hermana mayor enfermó —se le llenó todo su cuerpo de ronchitas— y su novio venía todos los días a verla y no le daba miedo enfermar; él le acariciaba con ternura hasta que se dormía y luego se iba; eso es amor.»

«Amor es lo que te hace sonreír cuando estás cansado.»

«Amor es cuando mi mamá hace café para mi papá y ella

prueba un poquito primero antes de dárselo, para estar segura de que sabe bien.»

«Amor es cuando besas todo el tiempo; luego, te cansas de besar, pero aún quieres estar junto a esa persona y entonces se hablan más.»

«Amor es lo que hay en el cuarto contigo en Navidad si dejas de abrir regalos y escuchas.»

«Cuando le dices a alguien algo malo acerca de ti mismo y tienes miedo de que no te quieran más; pero te sorprendes de que no sólo aún te aman, sino que te aman aún más.»

«Amor es cuando le dices a un muchacho que te gusta su camisa y él la usa todos los días.»

«Amor es como una viejita y un viejito que aún son amigos incluso después de conocerse muy, pero muy bien.»

«Durante mi primer recital, yo estaba en el escenario muy asustada; miré a toda la gente que me estaba viendo y vi a mi papá saludándome y sonriéndome; él era el único haciendo eso, y entonces ya no sentí miedo.»

«Mi mamá me ama más que nadie; nunca verás a nadie más besarme por las noches antes de irme a dormir.»

«Amor es cuando mamá le da a papá el pedazo de torta más grande.»

«Amor es cuando mamá ve a papá sudoroso y con mal olor, y aun así dice que es más guapo que Robert Redford.»

«Amor es cuando tu perrito te lame la cara, aun cuando lo has dejado todo el día solo.»

«Yo sé que mi hermana mayor me ama porque ella me da toda su ropa que no usa y después tiene que ir a comprar otra.»

AUTOR DESCONOCIDO

Uno no debería decir «Te amo» cuando en realidad no es así... Pero si realmente amas a alguien deberías decírselo, puede ser que a esa persona se le haya olvidado.

CUESTIÓN DE FE

Cuentan que un andinista, desesperado por conquistar el Aconcagua, inició su travesía después de años de preparación; pero cometió el error de subir solo, sin compañeros, pues quería toda la gloria para él.

Empezó a subir de buena mañana sin detenerse en ningún momento; se fue haciendo tarde y más tarde, pero no se detuvo para acampar, sino que continuó subiendo decidido a llegar a la cima; pero la noche cayó...

Noche cerrada, cielo cubierto; no se podía ver absolutamente nada, todo era negro: visibilidad CERO.

Subiendo por un acantilado, a sólo cien metros de la cima, el osado andinista resbala y cae a velocidad vertiginosa... Sólo podía ver veloces manchas más oscuras y la terrible sensación de ser succionado por la gravedad.

Seguía cayendo y en esos angustiosos momentos le pasaron por su mente todos los gratos y los no tan gratos momentos de su vida, pues él pensaba que iba a morir; sin embargo, de repente, sintió un tirón muy fuerte que casi lo parte en dos...

¡Sí!, como todo andinista experimentado, había clavado estacas de seguridad con candados a una larguísima soga que lo amarraba de la cintura.

En esos momentos de quietud, suspendido por los aires, no le quedó más que gritar.

—¡AYÚDAME, DIOS MÍO! ¡AYÚDAME, DIOS MÍO!

Y una voz grave y profunda de los cielos, le contestó:

—¿QUÉ QUIERES QUE HAGA?

—¡Sálvame, Dios mío!

—¿REALMENTE CREES QUE TE PUEDA SALVAR?

—¡Por supuesto, Dios mío!

—ENTONCES, ¡CORTA LA CUERDA QUE TE SOSTIENE!

Hubo un momento de silencio y quietud. El hombre se aferró más a la cuerda, y reflexionó...

Cuenta el equipo de rescate que al día siguiente encontró colgado a un andinista congelado, MUERTO, agarrado con fuerza, con las manos y los pies, a una cuerda... ¡¡¡A DOS METROS DEL SUELO!!!

AUTOR DESCONOCIDO

La fe mueve montañas... pero tenemos que, en verdad, vivir la vida con fe.

«FREE SOFTWARE»

CENTRO DE ATENCIÓN AL CLIENTE: ¿En qué puedo ayudarle?

CLIENTE: Acabo de adquirir el nuevo programa llamado AMOR. No soy muy técnico, pero creo que sería capaz de instalarlo con su ayuda... ¿Qué es lo que debo hacer primero?

C.A.C.: Lo primero que tiene que hacer es abrir su CORAZON.COM. ¿Lo tiene localizado?

CLIENTE: Sí, está; pero hay otros programas ejecutándose en este momento. ¿Puedo proceder a la instalación mientras están estos programas activos?

C.A.C.: ¿Qué programas son?

CLIENTE: Vamos a ver... Tengo DAÑOSPASADOS.EXE, BAJAESTIMA.EXE, ENVIDIA.PPT... ¡Ah!, y RESENTIMIENTO.COM ejecutándose en estos momentos...

C.A.C.: ¡No hay problema! AMOR.EXE borrará automáticamente DAÑOSPASADOS.EXE de su sistema operativo, el cual puede permanecer en la memoria permanente, pero no entrará en conflicto con otros programas. AMOR.EXE sobreescribirá temporalmente BAJAESTIMA.EXE con el módulo que incluye, llamado ALTAAUTOESTIMA.EXE. Sin embargo, es necesario que cierre completamente los programas RABIAS.EXE y RESENTIMIENTO.COM, ya que esos programas pueden alterar la instalación de AMOR.EXE. ¿Puede cerrarlos ahora?

CLIENTE: No sé exactamente cómo tengo que hacer. ¿Me puede decir cómo?

C.A.C.: Sí, claro; pero recuerde que lo que usted tiene solamente es el programa base... Ahora necesita conectarlo a otro archivo CORAZON.COM en otro ordenador para que pueda conseguir las actualizaciones.

CLIENTE: ¡Oooppppsss…! Tengo un mensaje de ERROR, ¿qué puedo hacer?

C.A.C.: ¿De qué mensaje se trata?

CLIENTE: Dice: «ERROR 412 - PROGRAMA NO ESTÁ EJECUTÁNDOSE EN COMPONENTES INTERNOS…» ¿Qué significa?

C.A.C.: No se preocupe, es un problema común; significa que la aplicación AMOR está ejecutándose en CORAZONES externos de otros ordenadores, pero todavía no ha empezado a ejecutarse en el suyo propio… Esto quiere decir que debe identificar algunos programas llamados AMISTAD.BAT y los renombre como POSIBLEAMOR.BAT. Esto es uno de los problemas técnicos que aún no hemos acabado de resolver, porque cada ordenador es diferente; pero no significa que le vaya a fallar técnicamente el programa AMOR.EXE. En términos de programación, significa que tiene que tener el programa AMOR ejecutándose en su ordenador antes que AMAR en el otro ordenador para conectarse…

CLIENTE: ¿Qué debería hacer?

C.A.C.: ¿Puede encontrar el directorio llamado ACEPTAMIENTO?

CLIENTE: Sí, lo he localizado.

C.A.C.: Excelente, va por el buen camino…

CLIENTE: Gracias.

C.A.C.: De nada. Haga clic en los siguientes archivos y cópielos al directorio MI CORAZON: AUTOOLVIDO.DOC, AUTOESTIMA.TXT, MEJORAS.TXT y BONDAD.DOC, y el sistema sobreescribirá cualquier archivo con conflictos y fallos de programación. También necesita eliminar el archivo AUTOCRITICA.XLS y CULPABILIDAD.COM de todos sus directorios, y después vaciar completamente la PAPELERA DE RECICLAJE, para asegurar que nunca más podrán ser recuperados.

CLIENTE: ¡Conseguido! MI CORAZON está empezando a llenarse de archivos organizados; el vídeo SONRISA.MPG está viéndose en mi monitor en estos momentos, y ENAMORAMIENTO.COM, PAZ.EXE e ILUSION.COM se están autoescribiendo en MI CORAZON.

C.A.C.: Entonces la aplicación AMOR está instalada y ejecutándose correctamente. A partir de ahora debe ser usted capaz de manejarla correctamente. Una cosa antes de terminar...

CLIENTE: ¿Sí?

C.A.C.: AMOR es *freeware*. Asegúrese de distribuirlo y enviárselo conjunto a todos sus módulos de archivos a todo el mundo que conozca... Eso asegurará que los archivos de su ordenador estén siempre bien organizados y que el otro ordenador al que esté conectado le devuelva siempre los archivos deseados.

CLIENTE: Por supuesto que lo haré. Muchísimas gracias por su ayuda.

C.A.C.: Ha sido un placer ayudarle...

AUTOR DESCONOCIDO

¡Instala el amor en tu corazón!

AMOR SIN CONDICIONES

Una historia que fue contada por un soldado que pudo regresar a casa después de haber combatido en la guerra de Vietnam. Les habló a sus padres desde San Francisco.

—Mamá, papá. Voy de regreso a casa, pero les tengo que pedir un favor: traigo a un amigo que me gustaría que se quedara con nosotros.

—Claro —le contestaron—. Nos encantará conocerlo.

—Hay algo que deben saber —el hijo siguió explicando—: él fue herido en la guerra. Pisó en una mina de tierra y perdió un brazo y una pierna. Él no tiene a dónde ir, y quiero que se venga a vivir con nosotros, a casa.

—Siento mucho escuchar eso, hijo. A lo mejor podemos encontrar un lugar en donde él se pueda quedar.

—¡No! Mamá y papá, yo quiero que él viva con nosotros.

—Hijo —le dijo el padre—, tú no sabes lo que estás pidiendo. Alguien que esté tan limitado físicamente puede ser un gran peso para todos. Nosotros tenemos nuestras propias vidas que vivir, y no podemos dejar que algo como esto interfiera con nuestras vidas. Yo pienso que tú deberías regresar a casa y olvidarte de esta persona. Él encontrará una manera en la que pueda vivir él solo —en ese momento, el hijo colgó el teléfono.

Los padres ya NO volvieron a saber de él. Unos cuantos días después, los padres recibieron una llamada telefónica de la policía de San Francisco. Su hijo había muerto después de que se hubiese caído de un edificio, fue lo que les dijeron. La policía creía que era un suicidio. Los padres, destrozados por la noticia, volaron a San Francisco y fueron llevados a la morgue de la ciudad a que identificaran el cadáver de su hijo. Ellos lo reconocieron; para su horror, descubrieron algo que no sabían: su hijo tan sólo tenía un brazo y una pierna.

AUTOR DESCONOCIDO

Los padres de este soldado son como muchos de nosotros. Encontramos muy fácil el amar a personas que son lindas externamente o que son entretenidas, pero no nos gusta la gente que nos hace sentir alguna inconveniencia o que nos hace sentir incómodos. Preferimos estar alejados de personas que no son muy saludables, hermosas o inteligentes como creemos que somos nosotros.

Ojalá seamos capaces de tener la fuerza para aceptar a los otros tal y como son. Ojalá seamos más comprensivos con las personas que son diferentes a nosotros.

UN CLAVO EN LA PUERTA

Tenía muy mal carácter. Su padre le dio una bolsa de clavos y le dijo que cada vez que perdiera la paciencia, debería clavar un clavo detrás de la puerta. El primer día, el muchacho clavó treinta y siete clavos detrás de la puerta.

Las semanas que siguieron, a medida que él aprendía a controlar su genio, clavaba cada vez menos clavos detrás de la puerta. Descubrió que era más fácil controlar su genio que clavar clavos detrás de la puerta.

Llegó el día en que pudo controlar su carácter durante todo el día. Después de informar a su padre, éste le sugirió que retirara un clavo cada día que lograra controlar su carácter. Los días pasaron y el joven pudo finalmente anunciar a su padre que no quedaban más clavos para retirar de la puerta.

Su padre le tomó de la mano y lo llevó hasta la puerta. Le dijo:

—Has trabajado duro, hijo mío; pero mira todos esos agujeros en la puerta. Nunca más será la misma. Cada vez que tú pierdes la paciencia, dejas cicatrices exactamente como las que aquí ves.

Tú puedes insultar a alguien y retirar lo dicho, pero del modo como se lo digas le devastará, y la cicatriz perdurará para siempre. Una ofensa verbal es tan dañina como una ofensa física.

AUTOR DESCONOCIDO

EL SECRETO PARA SER FELIZ

Hace muchísimos años vivía en India un sabio, de quien se decía que guardaba en un cofre encantado un gran secreto que lo hacía ser un triunfador en todos los aspectos de su vida y que, por eso, se consideraba el hombre más feliz del mundo.

Muchos reyes, envidiosos, le ofrecían poder y dinero, y hasta intentaron robarlo para obtener el cofre, pero todo era en vano. Mientras más lo intentaban, más infelices eran, pues la envidia no los dejaba vivir. Así pasaban los años y el sabio era cada día más feliz.

Un día, llegó ante él un niño y le dijo:

—Señor, al igual que tú, también quiero ser inmensamente feliz. ¿Por qué no me enseñas qué debo hacer para conseguirlo?

El sabio, al ver la sencillez y la pureza del niño, le dijo:

—A ti te enseñaré el secreto para ser feliz. Ven conmigo y presta mucha atención. En realidad, son dos cofres en donde guardo el secreto para ser feliz, y éstos son mi mente y mi corazón, y el gran secreto no es otro que una serie de pasos que debes seguir a lo largo de la vida.

»El primer paso es saber que existe la presencia de Dios en todas las cosas de la vida; por tanto, debes amarlo y darle gracias por todas las cosas que tienes.

»El segundo paso es que debes quererte a ti mismo y todos los días, al levantarte y al acostarte, debes afirmar: "Yo soy importante, yo valgo, soy capaz, soy inteligente, soy cariñoso, espero mucho de mí, no hay obstáculo que no pueda vencer." Este paso se llama autoestima alta.

»El tercer paso es que debes poner en práctica todo lo que dices que eres; es decir, si piensas que eres inteligente, actúa inteligentemente; si piensas que eres capaz, haz lo que te propones; si piensas que eres cariñoso, expresa tu cariño; si piensas que no hay obstáculos que no puedas vencer, entonces proponte metas en tu vida y lucha por ellas hasta lograrlas. Este paso se llama motivación.

»El cuarto paso es que no debes envidiar a nadie por lo que tiene o por lo que es; ellos alcanzaron su meta, logra tú las tuyas.

»El quinto paso es que no debes albergar en tu corazón rencor hacia nadie; ese sentimiento no te dejará ser feliz; deja que las leyes de Dios hagan justicia, y tú perdona y olvida.

»El sexto paso es que no debes tomar las cosas que no te pertenecen; recuerda que, de acuerdo a las leyes de la naturaleza, mañana te quitarán algo de más valor.

»El séptimo paso es que no debes maltratar a nadie; todos los seres del mundo tenemos derecho a que se nos respete y se nos quiera.

»Y, por último, levántate siempre con una sonrisa en los labios; observa a tu alrededor y descubre en todas las cosas el lado bueno y bonito; piensa en lo afortunado que eres al tener todo lo que tienes; ayuda a los demás, sin pensar que vas a recibir nada a cambio; mira a las personas y descubre en ellas sus cualidades y dales también a ellos el secreto para ser triunfador. De esta manera, pueden ser felices.

»Aplica estos pasos y verás qué fácil es ser feliz.

AUTOR DESCONOCIDO

Ser feliz es más simple de lo que a veces creemos. Siempre pensamos que necesitamos tanto para lograrlo, tantas cosas externas, pero todo está dentro nuestro; desde ahí tenemos que salir hacia fuera con una actitud distinta.

LOS PROBLEMAS DEL MUNDO

Un científico, que vivía preocupado por los problemas del mundo, estaba resuelto a encontrar los medios para subsanarlos.

Pasaba días en su laboratorio en busca de respuestas para sus dudas.

Cierto día, su hijo de siete años invadió su santuario decidido a ayudarlo a trabajar. El científico, nervioso por la interrupción, le pidió al niño que fuese a jugar a otro lado. Viendo que era imposible sacarlo, el padre pensó en algo que pudiese darle con el objetivo de distraer su atención.

De repente se encontró con una revista, en donde había un mapa con el mundo; justo lo que precisaba. Con unas tijeras recortó el mapa en varios pedazos y, junto con un rollo de cinta, se lo entregó a su hijo, diciendo:

—Como te gustan los rompecabezas, te voy a dar el mundo todo roto para que lo repares sin ayuda de nadie.

Entonces calculó que al pequeño le llevaría diez días componer el mapa, pero no fue así. Pasadas algunas horas, escuchó la voz del niño, que lo llamaba calmadamente:

—Papá, papá, ya hice todo; conseguí terminarlo.

Al principio, el padre no creyó al niño. Pensó que sería imposible que, a su edad, hubiese conseguido recomponer un mapa que jamás había visto antes.

Desconfiado, el científico levantó la vista de sus anotaciones con la certeza de que vería el trabajo digno de un niño. Para su sorpresa, el mapa estaba completo. Todos los pedazos habían sido colocados en sus lugares correspondientes.

¿Cómo era posible? ¿Cómo el niño había sido capaz?

—Hijito, tú no sabías cómo era el mundo, ¿cómo lo lograste?

—Papá, yo no sabía cómo era el mundo; pero cuando sacaste el mapa de la revista para recortarlo, vi que del otro lado estaba la figura de un hombre. Así que di vuelta a los recortes y comencé a recomponer al hombre, que sí sabía cómo era.

»Cuando conseguí arreglar al hombre, di vuelta a la hoja y vi que había arreglado al mundo.

AUTOR DESCONOCIDO

¡Qué sabiduría!, ¿no...?

LAS PUERTAS DEL CIELO

Un guerrero, un samurái, fue a ver al maestro Zen Hakuin, y le preguntó:

—¿Existe el infierno? ¿Existe el cielo? ¿Dónde están las puertas que llevan a ellos? ¿Por dónde puedo entrar?

Era un guerrero sencillo. Los guerreros siempre son sencillos: sin astucia en sus mentes, sin matemáticas.

Sólo conocen dos cosas: la vida y la muerte. Él no había venido a aprender ninguna doctrina; sólo quería saber dónde estaban las puertas para poder evitar el infierno y entrar en el cielo.

Hakuin le respondió de una manera que sólo un guerrero podía haber entendido.

—¿Quién eres? —le preguntó Hakuin.

—Soy un samurái —le respondió el guerrero—; hasta el emperador me respeta.

Hakuin se rió, y contestó.

—¿Un samurái, tú? Pareces un mendigo.

El orgullo del samurái se sintió herido y olvidó para qué había venido.

Sacó su espada y ya estaba a punto de matar a Hakuin, cuando éste dijo:

—Ésa es la puerta del infierno. Esa espada, esa ira, ese ego te abren la puerta.

Ésas son las cosas que un guerrero puede comprender.

Inmediatamente, el samurái entendió. Puso de nuevo la espada en su cinto, y Hakuin dijo:

—Así se abren las puertas del cielo. La mente es el cielo, la mente es el infierno y la mente tiene la capacidad de convertir-se en cualesquiera de ellos. Pero la gente sigue pensando que existen en alguna parte, fuera de ellos mismos… El cielo y el infierno no están al final de la vida, están aquí y ahora. A cada momento las puertas se abren… En un segundo, se puede ir del cielo al infierno, del infierno al cielo.

AUTOR DESCONOCIDO

Tenemos que despertar de ese largo sueño en que hemos estado sumidos por tanto tiempo y tomar conciencia de esta verdad.

LA FELICIDAD

En cierta ocasión, se reunieron todos los dioses y decidieron crear al hombre y a la mujer, y planearon hacerlo a su imagen y semejanza. Entonces uno de ellos dijo:

—Esperen; si los vamos a hacer a nuestra imagen y semejanza, van a tener un cuerpo igual al nuestro, fuerza e inteligencia igual a la nuestra, y debemos pensar en algo que los diferencie de nosotros; de no ser así, estaríamos creando nuevos dioses. Debemos quitarle algo, pero ¿qué le quitamos?

Después de mucho pensar, uno de ellos dijo:

—¡Ah, ya sé! Vamos a quitarles la felicidad; pero el problema va a ser dónde esconderla, para que no la encuentren jamás.

Propuso el primero:

—Vamos a esconderla en la cima del monte más alto del mundo.

A lo que inmediatamente repuso otro:

—No; recuerda que les dimos fuerza, y alguna vez alguien subirá y la encontrará; y si la encuentra uno, ya todos sabrán dónde está.

Luego propuso otro:

—Entonces, vamos a esconderla en el fondo del mar.

Y otro contestó:

—No; recuerda que les dimos inteligencia, y alguna vez alguien construirá algo por donde pueda entrar y bajar; y entonces la encontrarán.

Uno más dijo:

—Escondámosla en un planeta lejano de la Tierra.

Y le dijeron:

—No; recuerda que les dimos inteligencia, y un día alguien construirá una nave en la que puedan viajar a otros planetas y la descubrirán, y entonces todos tendrán felicidad y serán iguales a nosotros.

El último de ellos era un dios que había permanecido en silencio, escuchando atentamente cada una de las propuestas de los demás dioses, y analizó calladamente cada una de ellas; entonces rompió el silencio y dijo:

—Creo saber dónde ponerla para que realmente nunca la encuentren.

Todos se volvieron asombrados y preguntaron al unísono:

—¿Dónde?

—La esconderemos dentro de ellos mismos; estarán tan ocupados buscándola fuera, que nunca la encontrarán.

Todos estuvieron de acuerdo, y desde entonces ha sido así: el hombre se pasa buscando la felicidad sin saber que la lleva consigo.

AUTOR DESCONOCIDO

Qué dolorosa verdad para nosotros, los humanos... Ojalá dejemos de buscar la felicidad fuera de nosotros, porque ahí... ¡¡¡no está!!!

EL AMOR Y LA LOCURA

Cuentan que una vez se reunieron en un lugar de la Tierra todos los sentimientos y cualidades de los hombres.

Cuando el ABURRIMIENTO ya había bostezado por tercera vez, la LOCURA, como siempre tan loca, les propuso:

—¿Vamos a jugar a las escondidas?

La INTRIGA levantó la ceja, intrigada, y la CURIOSIDAD, sin poder contenerse, preguntó:

—¿A las escondidas? ¿Y eso cómo es?

—Es un juego —explicó la LOCURA— en el que yo me tapo la cara y comienzo a contar desde uno hasta un millón mientras ustedes se esconden; y cuando yo haya terminado de contar, el primero de ustedes que yo encuentre ocupará mi lugar para continuar con el juego.

El ENTUSIASMO bailó secundado por la EUFORIA, la ALEGRÍA dio tantos saltos que terminó por convencer a la DUDA e incluso a la APATÍA, a la que nunca le interesaba nada. Pero no todos quisieron participar. La VERDAD prefirió no esconderse... ¿Para qué? Si al final siempre la encontraban. La SOBERBIA opinó que era un juego muy tonto (en el fondo, lo que le molestaba era que la idea no hubiese sido de ella) y la COBARDÍA prefirió no arriesgarse...

—Uno, dos, tres... —comenzó a contar la LOCURA.

La primera en esconderse fue la PEREZA, que como siempre se dejó caer tras la primera piedra en el camino.

La FE subió al cielo y la ENVIDIA se escondió tras la sombra del TRIUNFO, que con su propio esfuerzo había logrado subir a la copa del árbol más alto.

La GENEROSIDAD casi no alcanza a esconderse: cada sitio que hallaba le parecía maravilloso para alguno de sus amigos… ¿Un lago cristalino? (ideal para la BELLEZA). ¿La hendidura de un árbol? (perfecto para la TIMIDEZ). ¿El vuelo de la mariposa? (lo mejor para la VOLUPTUOSIDAD). ¿Una ráfaga de viento? (magnífico para la LIBERTAD). Así, terminó por ocultarse en un rayito de sol.

El EGOÍSMO, en cambio, encontró un sitio muy bueno desde el principio: ventilado y cómodo, pero sólo para él.

La MENTIRA se escondió en el fondo de los océanos (mentira, en realidad se escondió detrás del arco iris), y la PASIÓN y el DESEO en el centro de los volcanes.

El OLVIDO… se me olvidó dónde se escondió… Pero eso no es lo importante.

Cuando la LOCURA contaba 999.999, el AMOR aún no había encontrado sitio para esconderse, pues todo se encontraba ocupado… Hasta que divisó un rosal y, estremecido, decidió esconderse entre sus flores.

Un millón, contó la LOCURA, y comenzó a buscar… La primera en aparecer fue la PEREZA sólo a tres pasos de una piedra.

Después, se escuchó a la FE discutiendo con Dios, en el cielo, sobre teología.

Y la PASIÓN y el DESEO se sintieron en el vibrar de los volcanes.

En un descuido encontró a la ENVIDIA y, claro, así pudo deducir dónde estaba el TRIUNFO.

Al EGOÍSMO no tuvo ni qué buscarlo. Él solito salió disparado de su escondite, que había resultado ser un nido de avispas.

De tanto caminar sintió sed y al acercarse al lago descubrió a la BELLEZA, y con la DUDA resultó más fácil todavía, pues la encontró sentada sobre una cerca sin decidir aún de qué lado esconderse.

Así fue encontrando a todos: al TALENTO entre la hierba fresca; a la ANGUSTIA en una oscura cueva; a la MENTIRA detrás del arco iris (mentira, si ella estaba en el fondo del océano), y hasta al OLVIDO… que ya se le había olvidado que estaba jugando a las escondidas…

Pero sólo el AMOR no aparecía por ningún sitio…

La LOCURA buscó detrás de cada árbol, bajo cada arroyuelo del planeta, en las cimas de la montañas… Y cuando estaba por darse por vencida, divisó un rosal y las rosas… Tomó una horquilla y comenzó a mover las ramas hasta que un doloroso grito se escuchó… Las espinas habían herido en los ojos al AMOR… La LOCURA no sabía qué hacer para disculparse: lloró, rogó, imploró, pidió perdón y hasta prometió ser su lazarillo…

Desde entonces, desde que por primera vez se jugó a las escondidas en la Tierra… «el AMOR es ciego y la LOCURA siempre lo acompaña».

AUTOR DESCONOCIDO

ENSEÑAR CON EL EJEMPLO

Estando mis hijos de vacaciones, decidí llevarlos al circo que se presentaba en nuestra ciudad por esos días.

Cuando llegamos a la boletería, le pregunté al hombre que vendía los boletos:

—¿Cuánto cuesta la entrada?

A lo que él me respondió:

—Dos dólares los menores de hasta doce años y tres dólares para los demás.

—Entonces, deme tres entradas para mayores de doce años y uno para menor de doce —le dije.

El hombre me miro sorprendido, y me dijo:

—Señora, podría haberse ahorrado tres dólares. Yo ni cuenta me hubiera dado de que tenían más de doce años esos dos niños.

Miré a mis hijos, que seguían atentamente nuestra conversación, y le dije:

—Sí, lo sé; seguro que usted no lo habría notado, pero mis hijos sí…

AUTOR DESCONOCIDO

VIVE EL PRESENTE

Mi amigo abrió el cajón de la cómoda de su esposa y levantó un paquete envuelto en papel de seda.

—Esto —dijo— no es un simple paquete, es lencería.

Retiró el papel que lo envolvía y observó la exquisita seda y el encaje.

—Ella compró esto la primera vez que fuimos a Nueva York, hace ocho o nueve años. Nunca lo usó; lo estaba guardando para una «ocasión especial». Bueno… creo que ésta es la ocasión.

Se acercó a la cama y colocó la prenda junto con el resto de ropa que iba a llevar a la funeraria.

Su esposa acababa de morir. Volviéndose hacia mí, dijo:

—No guardes nada para una ocasión especial.

Todavía estoy pensando en esas palabras… y han cambiado mi vida.

Ahora estoy leyendo más y limpiando menos. Me siento en la terraza y admiro el paisaje sin fijarme en las malas hierbas del jardín. Paso más tiempo con mi familia y amigos y menos tiempo en el trabajo.

He comprendido que la vida debe ser un patrón de experiencias para disfrutar, no para sobrevivir. Ya no guardo nada. Uso mis copas de cristal todos los días y me pongo mi chaqueta nueva para ir al supermercado, si así lo decido y me da la gana.

Ya no guardo mi mejor perfume para fiestas especiales; lo uso cada vez que me apetece hacerlo.

Las frases «Algún día…» y «Uno de estos días…» están desapareciendo de mi vocabulario.

Si vale la pena verlo, escucharlo o hacerlo, quiero verlo, escucharlo o hacerlo ahora.

No estoy seguro de lo que habría hecho la esposa de mi amigo si hubiera sabido que no estaría aquí para el mañana que todos tomamos tan a la ligera. Creo que hubiera llamado a sus familiares y amigos cercanos.

A lo mejor hubiera llamado a algunos antiguos amigos para disculparse y hacer las paces por posibles enojos del pasado.

Me gusta pensar que hubiera ido a restaurantes de comida china, su favorita. Son esas pequeñas cosas dejadas sin hacer las que me harían enojar si supiera que mis horas están limitadas.

Enojado porque dejé de ver a buenos amigos con quienes me iba a poner en contacto «algún día…»

Enojado porque no escribí ciertas cartas que pensaba escribir «uno de estos días…».

Enojado y triste porque no les dije a mis hijos, a mis padres, a mis hermanos y a mis amigos, con suficiente frecuencia, cuánto los amo.

Ahora trato de no retardar, detener o guardar nada que agregaría risa y alegría a nuestras vidas.

Y cada mañana me digo a mí mismo que este día es especial… Cada día, cada hora, cada minuto… es especial.

AUTOR DESCONOCIDO

LOS ÁNGELES ESTÁN AQUÍ

Estaba Elisa asistiendo a un taller de ángeles en Nueva York. Una vez finalizado el tercer día, iba caminando en dirección a su casa y poner en práctica lo que estaba aprendiendo en aquel lugar. Al llegar a Central Park, invocó a sus ángeles guardianes y les pidió su protección, que les abriría su corazón desde ese momento, para que ellos pudieran ser parte de su vida... En eso iba Elisa, cruzando el parque para llegar a su apartamento e invocando a sus ángeles, cuando de pronto se cruzó en su camino un hombre, de unos veinticinco años, que al encontrarse de frente con sus ojos él la miro de una forma en que ella se estremeció y se apoderó un miedo inmenso. Su sensación fue de poder correr peligro.

A esa hora de la tarde, mucha gente camina por Central Park para llegar a su hogar, después de la jornada laboral, por lo que ella pensó que este hombre, que ya venía siguiéndola desde hacía tiempo, no podría hacerle nada, al menos mientras ella se encontrara en medio de ese gentío. Sintió, de pronto, una energía amorosa que la envolvía que le hizo sentir un poco de calma. Al mirar hacia atrás, ya no la seguía ese hombre, así que apresuró el paso para llegar rápido a su apartamento, sintiendo el alivio de que no le hubiera sucedido nada. Al llegar a la esquina del edificio que habitaba, cuatro minutos más tarde, escuchó la sirena de una ambulancia que se acercaba y un coche de policía pasaba, frente a sus ojos y en dirección prohibida, también tocando su sirena y haciendo ademanes para que Elisa se apartara de su camino. Cuando pudo cruzar la calle, había mucha gente fuera del edificio mirando consternados hacia el parque que ella había cruzado hacía unos minutos. Al preguntarle a su vecina de piso qué había sucedido, se enteró que se escuchó un disparo, hacía cosa de unos cuatro minutos, en el parque. Un hombre había asesinado a una adolescente, que volvía de la universidad hacia su casa, por oponerle resistencia en el robo de su mochila.

Elisa se acordó de la sensación de miedo que tuvo al cruzar el parque, cosa que no le sucedía a menudo. Mientras se amontonaba la gente a ver qué pasaba, ella subió a su apartamento. Se preparó un té, se cambió de ropa —para esa tarde primaveral, que estaba siendo calurosa— y se sentó frente al televisor. En ese momento interrumpían la programación para dar un telediario. Le puso más volumen al televisor, y era la noticia de la cual ella acababa de enterarse en la calle. «La policía detuvo al asesino a una calle del crimen», decía el locutor. Cuando Elisa vio la imagen del hombre, le recorrió un escalofrío por todo el cuerpo: era el mismo hombre del cual ella había tenido miedo esa tarde, el mismo que ella tuvo la sensación que le iba a hacer algo.

Ella quedó impactada con lo que había sucedido esa tarde, e intrigada del porqué ella se había salvado de ese hombre. A la semana del incidente, se armó de valor y partió a la cárcel donde estaba recluido el asesino. Al poder comunicarse con él a través de rejas, Elisa le preguntó si se acordaba de ella. El hombre le contestó que sí, que ella iba adelante de su víctima esa tarde. Ella, asombrada, volvió a preguntarle:

—¿Por qué usted no me hizo nada a mí? Yo sentí que usted me siguió segundos antes a mí, ¿o me equivoco?

—Sí, es verdad; usted era mi víctima esa tarde, pero cuando me crucé con usted aparecieron dos hombres, uno a cada lado suyo, como de un metro noventa, y parecía que la custodiaban. No me atreví a acercarme, ya que ellos seguían caminando junto a usted. Es por eso que mi víctima fue quien caminaba detrás suyo.

Elisa no podía creer lo que escuchaba. ¿Quiénes la acompañaban esa tarde como guardianes... protegiéndola?

Fueron sus ángeles, que al pedirles protección fueron de inmediato a protegerla y la salvaron de haber perdido la vida esa tarde. Fue la primera manifestación concreta que tuvo en su vida de que los ángeles sí existen y están para ayudarnos. Después de esa experiencia, todas las mañanas los invoca al comenzar el día.

AUTOR DESCONOCIDO

Sí, es verdad; nuestros ángeles guardianes, nuestros protectores, guías espirituales o como queramos llamarlos, están más cerca de lo que imaginamos; sólo tenemos que pedirles que nos protejan y entregarnos para que guíen nuestros pasos aquí, en la Tierra.

ENVEJECER ES OBLIGATORIO...
MADURAR ES OPTATIVO

Caminaba con mi padre, cuando éste se detuvo en una curva y, después de un pequeño silencio, me preguntó:

—¿Además del trino de los pájaros, escuchas alguna cosa más?

Agudicé mis oídos y algunos segundos después le respondí:

—Estoy escuchando el ruido de una carreta.

—Eso es —dijo mi padre—. Es una carreta vacía.

Pregunté a mi padre:

—¿Cómo sabes que es una carreta vacía, si aún no la vemos?

Entonces mi padre respondió:

—Es muy fácil saber cuándo una carreta está vacía... por causa del ruido. Cuanto más vacía la carreta, mayor es el ruido que hace.

Me convertí en adulto y hasta hoy, cuando veo a una persona hablando demasiado, interrumpiendo la conversación de todos, siendo inoportuna o violenta, presumiendo de lo que tiene, sintiéndose prepotente y haciendo de menos a la gente, tengo la impresión de oír la voz de mi padre diciendo:

«Cuanto más vacía la carreta, mayor es el ruido que hace.»

AUTOR DESCONOCIDO

La humildad consiste en callar nuestras virtudes y permitir a los demás descubrirlas. En verdad, existen personas tan pobres que lo único que tienen es dinero. Nadie está más vacío que aquel que está lleno de egoísmo.

AMOR DE MADRE

Un artículo en *National Geographic*, varios años atrás, mostraban una foto impactante de las alas de Dios.

Después de un incendio forestal en el Parque Nacional de Yellowstone, los guardabosques iniciaron una larga jornada, montaña arriba, para valorar los daños del incendio.

Un guardabosque encontró un pájaro petrificado en cenizas, literalmente, posado cual estatua en la base de un árbol. Un poco asombrado por el espeluznante espectáculo, dio unos golpecitos al pajarillo con una vara. Cuando lo hizo, tres diminutos polluelos se escabulleron bajo las alas de su madre, ya muerta.

La amorosa madre, en su afán de impedir el desastre, había llevado a sus hijos a la base del árbol y los había acurrucado bajo sus alas, instintivamente conociendo que el humo tóxico ascendería.

Ella podía haber volado para encontrar su seguridad, pero se había negado a abandonar a sus crías. Cuando las llamas llegaron y quemaron su pequeño cuerpo, ella permaneció firme, porque había decidido morir para que aquellos que estaban bajo sus alas pudiesen vivir.

AUTOR DESCONOCIDO

El amor está presente en toda la obra del creador...

BELLEZA Y FEALDAD

Un día soleado dos hermanas, llamadas Belleza y Fealdad, decidieron salir juntas a pasear.

Al pasar junto al río, sintieron deseos de tomar un baño bajo el fuerte sol de verano; así que se despojaron de sus ropas y entraron lentamente a las aguas.

Juguetearon, salpicaron con sus saltos dentro del agua y rieron hasta ya avanzada la tarde.

Al salir, se vistieron y cometieron una equivocación: Belleza se puso las ropas de Fealdad, y Fealdad se vistió con las ropas de Belleza.

Hoy en día, la gente sigue confundiéndolas…

AUTOR DESCONOCIDO

«La verdadera belleza o fealdad de una persona se observa en su corazón.»

OBSTÁCULOS
EN NUESTRO CAMINO

Hace mucho tiempo, un rey colocó una gran roca obstaculizando un camino. Entonces se escondió y observó para ver si alguien retiraba la roca.

Algunos de los comerciantes más adinerados y cortesanos del reino llegaron y, simplemente, la rodearon. Muchos culparon al rey —ruidosamente— por no mantener los caminos despejados, pero ninguno hizo algo para quitar la roca del camino.

Un día, llegó un campesino que llevaba una carga de verduras. Al aproximarse a la roca, puso su carga en el suelo y trató de trasladar el peñasco hacia un lado del camino.

Después de empujar y fatigarse mucho, lo consiguió. Mientras recogía su carga de vegetales vio una cartera en el suelo, justo donde había estado la roca. La cartera estaba llena de monedas de oro y tenía una nota del rey indicando que el oro era para la persona que quitara la piedra del camino.

AUTOR DESCONOCIDO

El campesino aprendió lo que los demás nunca entendieron: «Cada obstáculo presenta una oportunidad para mejorar nuestra propia condición.»

CALIDOSCOPIO

Existía un hombre que, a causa de una guerra en la que había combatido de joven, había perdido la vista. Este hombre, para poder subsistir y continuar con su vida, desarrolló una gran habilidad y destreza con sus manos, lo que le permitió destacar como un estupendo artesano; sin embargo, su trabajo no le permitía más que asegurarse el sustento mínimo.

Un día, por Navidad, quiso obsequiarle algo a su hijo de cinco años, quien nunca había conocido más juguetes que los trastos del taller de su padre, con los que fantaseaba reinos y aventuras.

Su papá tuvo entonces la idea de fabricarle, con sus propias manos, un hermoso calidoscopio como alguno que él pudo poseer en su niñez. Por las noches fue recolectando piedras de diversos tipos, que trituraba en decenas de partes: pedazos de espejos, vidrios, metales...

Al terminar la cena de Nochebuena, pudo finalmente imaginar, a partir de la voz del pequeño, la sonrisa de su hijo al recibir el precioso regalo. El niño no cabía en sí de la dicha y de la emoción que aquella increíble Navidad le había traído de las manos rugosas de su padre ciego.

Durante los días y las noches siguientes, el niño iba a todas partes portando el preciado regalo, y con él regresó a sus clases en la escuela del pueblo.

En el receso entre clase y clase el niño exhibió y compartió, lleno de orgullo, su juguete con sus compañeros, que se mostraban fascinados con aquella maravilla.

Uno de aquellos pequeños, tal vez el mayor del grupo, finalmente se acercó al hijo del artesano y le preguntó con mucha intriga:

—Oye, ¡qué maravilloso calidoscopio te han regalado! ¿Dónde te lo compraron? No he visto jamás nada igual en el pueblo...

Y el niño, orgulloso de poder revelar aquella verdad emocionante desde su pequeño corazón, le contestó:

—No; no me lo compraron en ningún sitio... Me lo hizo mi papá.

A lo que el otro pequeño replicó, con cierto tono incrédulo:

—¿Tu padre...? Imposible. ¡Si tu padre está ciego!

Nuestro pequeño amigo se quedó mirando a su compañero, y al cabo de una pausa de segundos sonrió, como sólo un portador de verdades absolutas puede hacerlo, y le contestó:

—Sí. Mi papá esta ciego... pero de los ojos... ¡¡¡SOLAMENTE DE LOS OJOS!!!

AUTOR DESCONOCIDO

El amor sólo se puede ver con el corazón... «LO ESENCIAL ES INVISIBLE A LOS OJOS.»

COMO PAPEL ARRUGADO

Mi carácter impulsivo, cuando era niño, me hacía reventar en cólera a la menor provocación. La mayor parte de las veces, después de uno de estos incidentes, me sentía avergonzado y me esforzaba por consolar a quien había dañado.

Un día mi maestro, que me vio dando excusas después de una explosión de ira, me llevó al salón y me entregó una hoja de papel lisa, y me dijo:

—¡Estrújalo!

Asombrado, obedecí e hice con él una bolita.

—Ahora —volvió a decirme— déjalo como estaba antes.

Por supuesto que no pude dejarlo como estaba; por más que traté, el papel quedó lleno de pliegues y arrugas.

—El corazón de las personas —me dijo el maestro— es como ese papel… La impresión que en ellos dejas será tan difícil de borrar como esas arrugas y esos pliegues.

AUTOR DESCONOCIDO

Aprendamos a ser más comprensivos y más pacientes; cuando sintamos ganas de estallar, recordemos ese papel arrugado. La impresión que dejamos en los demás es imposible de borrar. Más cuando herimos con nuestras reacciones o con nuestras palabras.

Luego queremos reparar el error, pero ya es tarde. Alguien dijo una vez: «Habla cuando tus palabras sean tan suaves como el silencio.»

Si sabemos que algo va a doler, a lastimar, si por un instante imagináramos cómo podríamos sentirnos nosotros si alguien nos hablara o actuara así... ¿lo haríamos?

Algunas personas dicen que van con la verdad por delante, y de esa manera se justifican al lastimar: «Se lo dije al fin...», «Para qué le voy a mentir...», «Yo siempre digo la verdad, aunque duela...».

Qué distinto sería todo si pensáramos antes de actuar, si frente a nosotros estuviéramos sólo nosotros y todo lo que sale de nosotros lo recibiéramos nosotros mismos, ¿no?

Entonces sí que nos esforzaríamos por dar lo mejor y por analizar la calidad de lo que vamos a entregar.

Recuerda: *Lo que de tu boca sale, del corazón procede. Aprendamos a ser comprensivos y pacientes. Pensemos antes de hablar y de actuar.*

BENDICIONES

Mi madre siempre contaba una historia así:

Había una joven muy rica, que tenía de todo: un marido maravilloso, hijos perfectos, un empleo que le daba muchísima satisfacción, una familia unida. Lo extraño es que ella no conseguía conciliar todo eso, pues el trabajo y los quehaceres le ocupaban todo el tiempo y su vida siempre estaba deficitaria en algún área.

Si el trabajo le consumía mucho tiempo, ella lo quitaba de los hijos; si surgían problemas, ella dejaba de lado al marido…

Y así, las personas que ella amaba eran siempre dejadas para después. Hasta que un día su padre, un hombre muy sabio, le dio un regalo, una planta carísima y rarísima, de la cual sólo había un ejemplar en todo el mundo, y le dijo:

—Hija, esta planta te va a ayudar mucho, ¡más de lo que te imaginas! Tan sólo tendrás que regarla y podarla de vez en cuando, y a veces conversar un poco con ella; ella te dará, a cambio, ese perfume maravilloso y esas bonitas flores.

La joven quedó muy emocionada; a fin de cuentas, la planta era de una belleza sin igual.

Pero el tiempo fue pasando, los problemas surgieron, el trabajo consumía todo su tiempo y su vida, que continuaba confusa, no le permitían cuidar de la planta.

Ella llegaba a casa, miraba la planta, y las flores todavía estaban allí; no mostraban señal de flaqueza o muerte, apenas estaban allí, lindas, perfumadas. Entonces ella pasaba de largo.

Hasta que un día, ni más ni menos, la planta murió. Ella llegó a casa… ¡y se llevó un susto!

Estaba completamente muerta: sus raíz estaba reseca, sus flores caídas y sus hojas amarillas.

La joven lloró mucho, y contó a su padre lo que había ocurrido. Su padre respondió:

—Yo ya me imaginaba que eso ocurriría, y no te puedo dar otra planta, porque no existe otra igual a ésa; ella era única, al igual que tus hijos, tu marido y tu familia. Todas son bendiciones que el Señor te dio, pero tú tienes que aprender a regarlas, podarlas y darles atención, pues al igual que la flor los sentimientos también mueren. Te acostumbraste a ver la flor siempre allí, siempre florida, siempre perfumada, y te olvidaste de cuidarla. «¡Cuida a las personas que amas!»

Acuérdate siempre de la flor, pues las bendiciones del Señor son como ella. Él nos da, pero nosotros tenemos que cuidar.

AUTOR DESCONOCIDO

UNA BOLSA DE AGUA CALIENTE

Una noche, yo había trabajado mucho ayudando a una madre en su parto; pero a pesar de todo lo que hicimos, murió, dejándonos un bebé prematuro y una hija de dos años; nos iba a resultar difícil mantener al bebé con vida, porque no teníamos incubadora (¡no había electricidad para hacerla funcionar!) ni facilidades especiales para alimentarlo.

Aunque vivíamos en el ecuador africano, las noches frecuentemente eran frías y con vientos traicioneros. Una estudiante de partera fue a buscar una cuna que teníamos para tales bebés y la manta de lana con la que lo arroparíamos. Otra fue a llenar la bolsa de agua caliente. Volvió en seguida diciéndome, irritada, que al llenar la bolsa ésta había reventado. La goma se deteriora fácilmente en el clima tropical.

—¡Y era la última bolsa que nos quedaba! —exclamó—. Y no hay farmacias en los senderos del bosque.

—Muy bien —dije—. Pongan al bebé lo más cerca posible del fuego y duerman entre él y el viento para protegerlo de éste. Su trabajo es mantener al bebé abrigado.

Al mediodía siguiente, como hago muchas veces, fui a orar con los niños del orfanato que se querían reunir conmigo. Les hice a los niños varias sugerencias de motivos para orar y les conté lo del bebé prematuro. Les dije el problema que teníamos para mantenerlo abrigado y les mencioné que se había roto la bolsa de agua caliente, y que el bebé se podía morir fácilmente si cogía frío. También les dije que su hermanita, de dos años, estaba llorando porque su mamá había muerto.

Durante el tiempo de oración, Ruth, una niña de diez años, oró con la acostumbrada seguridad consciente de los niños africanos:

—Por favor, Dios —rezó—, mándanos una bolsa de agua caliente. Mañana no servirá porque el bebé ya estará muerto. Por eso, Dios, MÁNDALA ESTA TARDE.

Mientras yo contenía el aliento por la audacia de su oración, la niña agregó:

—Y mientras te encargas de ello, ¿podrías mandar una muñeca para la pequeña y así pueda ver que Tú le amas realmente?

Frecuentemente, las oraciones de los chicos me ponen en evidencia. ¿Podría decir honestamente «amén» a esa oración? No creía que Dios pudiese hacerlo. Sí, claro; sé que Él puede hacer cualquier cosa. Pero hay límites ¿no?, y yo tenía algunos GRANDES «peros...».

La única forma en la que Dios podía contestar a esta oración en particular era enviándome un paquete de mi tierra natal. Llevaba en África casi cuatro años y nunca jamás recibí un paquete de mi casa. De todas maneras, si alguien llegara a mandar alguno, ¿quién iba a poner una bolsa de agua caliente?

A media tarde, cuando estaba enseñando en la escuela de enfermeras, me avisaron que había llegado un coche y parado en la puerta de mi casa. Cuando llegué, el automóvil ya se había ido, pero en la puerta había un enorme paquete de once kilos. Se me llenaron los ojos de lágrimas. Por supuesto no iba a abrir el paquete yo sola, así que invité a los chicos del orfanato a que, juntos, lo abriéramos. La emoción iba en aumento. Treinta o cuarenta pares de ojos estaban enfocados en la gran caja. Había vendas para los pacientes del leprosario y los chicos parecían estar un poco aburridos. Luego, saqué una caja con pasas de uvas variadas, lo que serviría para hacer una buena tanda de panecillos el fin de semana. Volví a meter la mano y sentí... ¿sería posible? La agarré y la saqué… ¡Sí, era UNA BOLSA DE AGUA CALIENTE NUEVA!

Lloré… Yo no le había pedido a Dios que mandase una bolsa de agua caliente, ni siquiera creía que Él podría hacerlo. Ruth, que estaba sentada en la primera fila, se abalanzó, gritando:

—Si Dios mandó la bolsa, ¡también tuvo que mandar la muñeca!

Escarbó el fondo de la caja y sacó una hermosa muñequita. A Ruth le brillaban los ojos.

Ella, que nunca había dudado, me miró y dijo:

—¿Puedo ir contigo a entregarle la muñeca a la niñita para que sepa que Dios la ama en verdad?

Ese paquete había estado en camino por cinco meses. Lo había preparado mi antigua escuela dominical, cuya maestra había escuchado y obedecido la voz de Dios que la impulsó a mandarme la bolsa de agua caliente, a pesar de estar en el ecuador africano. Y una de las niñas había puesto una muñequita para alguna niñita africana, cinco meses antes, en respuesta a la oración de fe de una niña de diez años que la había pedido para esa misma tarde.

AUTOR DESCONOCIDO

Esto nos habla de la fuerza que tiene la oración que se hace con fe y confianza. Y tú, ¿tienes esa confianza? ¿Tienes esa actitud orante?

UNA LECCIÓN DE MI PADRE

Nuestra familia siempre ha estado dedicada a los negocios. Mis seis hermanos y yo trabajamos en el negocio de mi padre, en Mott (Dakota del Norte), un pequeño pueblo en medio de las praderas. Comenzamos a trabajar haciendo diferentes oficios, como limpiar el polvo, arreglar las repisas y empacar; luego, progresamos hasta llegar a atender a los clientes. Mientras trabajábamos y observábamos, aprendimos que el trabajo era más que un asunto de supervivencia o para hacer una venta.

Recuerdo una lección de manera especial. Era poco antes de Navidad. Yo estaba en segundo de secundaria y trabajaba, por las tardes, organizando la sección de los juguetes. Un niño de cinco o seis años entró en la tienda. Llevaba un viejo abrigo marrón, de puños sucios y raídos. Sus cabellos estaban alborotados, con excepción de un copete que salía derecho de la coronilla.

Sus gastados zapatos, con un único cordón, roto, me corroboraron que el niño era pobre, demasiado pobre como para comprar algo.

Examinó con cuidado la sección de juguetes; tomaba uno y otro, y cuidadosamente los colocaba de nuevo en su lugar.

Papá entró y se dirigió al niño. Sus acerados ojos azules sonrieron y un hoyuelo se formó en sus mejillas, mientras preguntaba al niño en qué le podía servir.

Éste respondió que buscaba un regalo de Navidad para su hermano. Me impresionó que mi padre lo tratara con el mismo respeto que a un adulto. Le dijo que se tomara su tiempo y mirara todo. Así lo hizo.

Después de veinte minutos, el niño tomó con cuidado un avión de juguete, se dirigió a mi padre y dijo:

—¿Cuánto vale esto, señor?

—¿Cuánto tienes? —preguntó mi padre.

El niño estiró su mano y la abrió. La mano, por aferrar el dinero, estaba surcada de líneas húmedas de mugre. Tenía dos monedas de diez, una de cinco y dos centavos —veintisiete centavos—. El precio del avión elegido era de tres dólares con noventa y ocho centavos.

—Es casi exacto —dijo mi padre—: ¡Venta cerrada!

Su respuesta aún resuena en mis oídos. Mientras empaquetaba el regalo, pensé en lo que había visto.

Cuando el niño salió de la tienda, ya no advertí el abrigo sucio y raído, el cabello revuelto ni el cordón roto. Lo que vi fue un niño radiante con su tesoro.

AUTOR DESCONOCIDO

LUZ PARA EL CAMINO

Había una vez, hace cientos de años, en una ciudad de Oriente, un hombre que una noche caminaba por las oscuras calles llevando una lámpara de aceite encendida.

La ciudad era muy oscura en las noches sin Luna como aquélla.

En determinado momento, se encuentra con un amigo. El amigo lo mira y, de pronto, lo reconoce. Se da cuenta de que es Guno, el ciego del pueblo.

Entonces, le dice:

—¿Qué haces, Guno? Tú, un ciego, con una lámpara en la mano. Si tú no ves…

Entonces, el ciego le responde:

—Yo no llevo la lámpara para ver mi camino. Yo conozco la oscuridad de las calles de memoria. Llevo la luz para que otros encuentren su camino cuando me vean a mí… No sólo es importante la luz que me sirve a mí, sino también la que yo uso para que otros puedan también servirse de ella.

AUTOR DESCONOCIDO

¡Qué hermoso sería si fuéramos iluminando el camino de los otros a nuestro paso!

LOS DOS PERRITOS

Se dice que hace tiempo, en un pequeño y lejano pueblo, había una casa abandonada.

Cierto día, un perrito buscando refugio del sol, logró introducirse por un agujero de una de las puertas de dicha casa. El perrito subió lentamente las viejas escaleras de madera. Al terminar de subir las escaleras se topó con una puerta semiabierta; lentamente se adentró en el cuarto.

Para su sorpresa, se dio cuenta que dentro de ese cuarto había mil perritos más observándole tan fijamente como él los observaba a ellos.

El perrito comenzó a mover la cola y a levantar sus orejas poco a poco. Los mil perritos hicieron lo mismo. Posteriormente, sonrió y le ladró alegremente a uno de ellos.

¡El perrito se quedó sorprendido al ver que los mil perritos también le sonreían y ladraban alegremente con él! Cuando el perrito salió del cuarto, se quedó pensando para sí mismo: «¡Qué lugar tan agradable! ¡Voy a venir más a menudo a visitarlo!»

Tiempo después, otro perrito callejero entró al mismo lugar y se encontró entrando al mismo cuarto. Pero a diferencia del primero, este perrito, al ver a los otros mil perritos del cuarto, se sintió amenazado ya que lo estaban mirando de una manera agresiva.

Posteriormente empezó a gruñir; obviamente vio cómo los mil perritos le gruñían a él. Comenzó a ladrarles ferozmente y los otros mil perritos le ladraron también a él.

Cuando este perrito salió del cuarto, pensó: «¡Qué lugar tan horrible es éste! ¡Nunca volveré a entrar allí!»

En el frente de dicha casa se encontraba un viejo letrero, que decía:

«LA CASA DE LOS MIL ESPEJOS.»

AUTOR DESCONOCIDO

Varias veces he escuchado que «todos los rostros del mundo son espejos».

LAS DOS SEMILLAS

Dos semillas están juntas en la tierra sembrada. La primera semilla dijo:

—¡Quiero crecer! Quiero que mis raíces lleguen muy abajo en el suelo y que mis retoños rompan la corteza de la tierra que tengo arriba…

»Quiero desplegar mis tiernos brotes como banderas para anunciar la llegada de la primavera…

»Quiero sentir el calor del sol en mi cara y la bendición del rocío matinal en mis pétalos.

Y entonces creció.

La segunda semilla dijo:

—Tengo miedo. Si dejo que mis raíces vayan hacia abajo, no sé qué encontraré en la oscuridad.

»Si me abro camino a través del duro suelo puedo dañar mis delicados retoños… ¿Y si dejo que mis brotes se abran y una serpiente trata de comerlos? Además, si abriera mis pimpollos, tal vez un niño pequeño me arranque del suelo. No; me conviene esperar hasta que sea seguro.

»Y entonces esperó.

Un ave que andaba dando vueltas por el lugar en busca de comida, encontró a la semilla que esperaba y en seguida se la tragó.

AUTOR DESCONOCIDO

Los que se niegan a correr riesgos y a crecer son tragados por la vida…

REMEDIO

Existía un rey con mucho poder que sufría de ánimo inestable: pasaba de la alegría a la tristeza, y viceversa, con extrema facilidad. Ello provocaba en él gran pesar interno y mínima capacidad de disfrute y de percepción de los hechos que vivía su reinado, que reclamaba su decisión firme.

Desalentado, pidió a sus asesores alguna ayuda para superar su dolencia. Los dóciles sabios se reunieron para resolver el problema. Después de unas semanas, ofrecieron su medicina:

—Señor, traemos solución a su mal. En esta cajita está el secreto de tu salud mental. Cuando estés perturbado por la tristeza o la alegría excesiva, lee el mensaje que guarda esta cajita mágica.

El rey agradeció a sus consejeros y escondió el pequeño recipiente con gran alegría. Pero no había transcurrido una hora y ya estaba nuevamente sumido en el desánimo y la depresión.

Buscó la cajita salvadora y sacó su precioso mensaje. Eran dos palabritas:

«YA PASARÁ.»

AUTOR DESCONOCIDO

AMAR LA VIDA

Un profesor fue invitado a dar una conferencia en una base militar, y en el aeropuerto lo recibió un soldado llamado Ralph.

Mientras se encaminaban a recoger el equipaje, Ralph se separó del visitante en tres ocasiones: primero, para ayudar a una anciana con su maleta; luego, para cargar a dos pequeños a fin de que pudieran ver a Santa Claus, y después para orientar a una persona. Cada vez regresaba con una sonrisa en el rostro.

—¿Dónde aprendió a comportarse así? —preguntó el profesor.

—En la guerra —contestó Ralph.

Entonces le contó su experiencia en Vietnam. Allí su misión había sido limpiar campos minados. Durante ese tiempo había visto cómo varios amigos suyos, uno tras otro, encontraban una muerte prematura.

—Me acostumbré a vivir paso a paso —explicó—. Nunca sabía si el siguiente iba a ser el último; por eso tenía que sacar el mayor provecho posible del momento que transcurría entre levantar un pie y volver a apoyarlo en el suelo. Me parecía que cada paso era toda una vida.

AUTOR DESCONOCIDO

Nadie puede saber lo que sucederá mañana. Qué triste sería el mundo si lo supiéramos. Toda la emoción de vivir se perdería, nuestra vida sería como una película que ya vimos. Ninguna sorpresa, ninguna emoción. Siento que lo que se requiere es ver la vida como lo que es: una gran aventura.

LOS REGALOS QUE NO TENEMOS QUE ACEPTAR

Era un profesor comprometido y estricto, conocido también por sus alumnos como un hombre justo y comprensivo.

Al terminar la clase, ese día de verano, mientras el profesor ordenaba unos documentos encima de su escritorio, se le acercó uno de sus alumnos y, en forma desafiante, le dijo:

—Profesor, lo que me alegra de haber terminado la clase es que no tendré que escuchar más sus tonterías y podré descansar de verle esa cara aburrida.

El alumno estaba erguido, con semblante arrogante, en espera de que el profesor reaccionara ofendido y descontrolado.

El profesor miró al alumno por un instante y, en forma muy tranquila, le preguntó:

—Cuando alguien te ofrece algo que no quieres, ¿lo recibes?

—Por supuesto que no —contestó, de nuevo en tono despectivo, el muchacho.

El alumno quedó desconcertado por la calidez de la sorpresiva pregunta.

—Bueno —prosiguió el profesor—, cuando alguien intenta ofenderme o me dice algo desagradable, me está ofreciendo algo, en este caso una emoción de rabia y rencor, que puedo decidir no aceptar.

—No entiendo a qué se refiere —dijo el alumno, confundido.

—Muy sencillo —replicó el profesor—; tú me estás ofreciendo rabia y desprecio, y si yo me siento ofendido o me pongo furioso, estaré aceptando tu regalo; y yo, mi amigo, en verdad prefiero obsequiarme mi propia serenidad. Muchacho —concluyó el profesor en tono gentil—, tu rabia pasará, pero no trates de dejarla conmigo, porque no me interesa; yo no puedo controlar lo que tú llevas en tu corazón, pero de mí depende lo que yo cargue en el mío.

AUTOR DESCONOCIDO

HONESTIDAD

Existió una vez un emperador que convocó a todos los solteros del reino, pues era tiempo de buscar pareja a su hija.

Todos los jóvenes asistieron, y el rey les dijo:

—Os voy a dar una semilla diferente a cada uno de vosotros; al cabo de seis meses deberéis traerme en una maceta la planta que haya crecido, y la planta más bella ganará la mano de mi hija y, por ende, el reino.

Así se hizo, pero había un joven que plantó su semilla y ésta no germinaba; mientras tanto, todos los demás jóvenes del reino no paraban de hablar y mostrar las hermosas plantas que habían sembrado en sus macetas.

Llegaron los seis meses y todos los jóvenes desfilaban hacia el castillo con hermosísimas y exóticas plantas. El joven estaba demasiado triste, pues su semilla nunca germinó; ni siquiera quería ir a palacio, pero su madre insistía en que debía ir, pues era un participante y debía estar allí.

Con la cabeza baja y muy avergonzado, desfiló el último hacia palacio con su maceta vacía. Todos los jóvenes hablaban de sus plantas y al ver a nuestro amigo, empezaron a reírse y burlarse; en ese momento el alboroto fue interrumpido por la llegada del rey; todos hicieron su respectiva reverencia mientras el rey se paseaba entre todas las macetas admirando las plantas.

Finalizada la inspección hizo llamar a su hija, y llamó de entre todos al joven que llevó su maceta vacía.

Atónitos, todos esperaban la explicación de aquella acción. El rey dijo entonces:

—Éste es el nuevo heredero del trono y se casará con mi hija, pues a todos ustedes se les dio una semilla no fértil y trataron de engañarme plantando otras plantas; pero este joven tuvo el valor de presentarse y mostrar su maceta vacía, siendo sincero, leal y valiente, cualidades que un futuro rey debe tener y que mi hija merece.

AUTOR DESCONOCIDO

La honestidad está al descubierto, como un diamante impecable que nunca está escondido. Su valor es visible en cada acción. Cuando existe honestidad, no hay contradicción ni discrepancia en los pensamientos, palabras o acciones. Esta integridad proporciona claridad y ejemplo a los demás.

HOY POR TI MAÑANA POR MÍ

Un día, un muchacho muy pobre —vendedor de puerta a puerta para pagar sus estudios— se encontró con sólo diez centavos en su bolsillo y tenía mucha hambre. Entonces decidió que en la próxima casa pediría comida.

No obstante, perdió su coraje cuando una linda y joven muchacha abrió la puerta y sólo se atrevió a pedir un vaso con agua. Ella pensó que él se veía hambriento y le trajo un gran vaso con leche.

Lo bebió lentamente y luego preguntó:

—¿Cuánto le debo?

—No me debe nada —le respondió—. Mi mamá nos enseñó a no aceptar nunca pago por bondad...

Él dijo:

—Entonces se lo agradezco de corazón.

Cuando Howard Kelly, que ya estaba listo para rendirse y renunciar, se fue de esa casa, no sólo se sintió más fuerte físicamente, sino también en su fe en Dios y en la humanidad.

Años más tarde, esa joven enfermó gravemente. Los doctores de la localidad estaban muy preocupados. Finalmente la enviaron a la gran ciudad, donde llamaron a especialistas para que estudiaran su rara enfermedad. Uno de esos especialistas era el doctor Howard Kelly.

Al leer el nombre del pueblo de donde venía la muchacha, una extraña luz brilló en sus ojos. Inmediatamente se levantó. Vestido con su bata de doctor, fue a verla y la reconoció inmediatamente. Luego, volvió a su consultorio, determinado a hacer lo imposible para salvar su vida.

Desde ese día le dio atención especial al caso. Después de una larga lucha, la batalla fue ganada. El doctor Kelly pidió a la oficina de cobros que le pasaran la cuenta final para darle su aprobación. La leyó, luego escribió algo en la esquina y la cuenta fue enviada al cuarto de la muchacha.

Ella sintió temor de abrirla, porque estaba segura de que pasaría el resto de su vida tratando de pagarla.

Finalmente la leyó, y algo llamó su atención en la esquina de la factura, donde se leían las siguientes palabras:

«Pagado por completo con un vaso de leche.»
Firmado: doctor Howard Kelly.

AUTOR DESCONOCIDO

Cuando uno da desinteresadamente, la vida siempre lo devuelve con creces.

EN LA DIVERSIDAD
ESTÁ LA PERFECCIÓN

Dios estaba en el cielo observando cómo actuaban los hombres en la Tierra. Entre ellos la desolación reinaba.

«¡Más de seis mil millones de seres humanos son pocos para alcanzar la magnificencia divina del amor!», suspiró el Señor.

Dios vio tantos humanos en guerra, esposos y esposas que no contemplaban sus carencias, ricos y pobres apartados, sanos y enfermos distantes, y libres y esclavos separados, que un buen día reunió un ejército de ángeles, y les dijo:

—¿Veis a los seres humanos? ¡Necesitan ayuda! Tendréis que bajar vosotros a la Tierra.

—¿Nosotros? —dijeron los ángeles, ilusionados, asustados y emocionados pero llenos de fe.

—Sí, vosotros sois los indicados. Nadie más podría cumplir esta tarea. ¡Escuchad!:

»Cuando creé al hombre lo hice a imagen y semejanza mía, pero con talentos especiales cada uno.

»Permití diferencias entre ellos para, una vez juntos, formasen el reino. Así lo planeé.

»Unos alcanzarían riquezas para compartir con los pobres. Otros gozarían de buena salud para cuidar a los enfermos.

»Unos serían sabios y otros muy simples, para procurar entre ellos sentimientos de amor, admiración y respeto.

»Los buenos tendrían que rezar por los que actuaran como si fueran malos.

»El paciente toleraría al neurótico.

»En fin, mis planes deben cumplirse para que el hombre

goce, desde la Tierra, la felicidad eterna. Y para hacerlo: ¡vosotros bajaréis con ellos!

—¿De qué se trata? —preguntaron los ángeles, inquietos.

Entonces el Señor explicó su deber.

—Como los hombres se han olvidado de que los hice distintos para que se complementasen unos a otros y así formaran el cuerpo de mi hijo amado; como parece que no se dan cuenta de que los quiero diferentes para lograr la perfección, bajaréis con francas distinciones.

Y dio a cada uno su tarea:

—Tú tendrás memoria y concentración de excelencia: serás ciego.

»Tú serás elocuente con tu cuerpo y muy creativo para expresarte: serás sordomudo.

»Tú tendrás pensamientos profundos, escribirás libros: serás poeta y tendrás parálisis cerebral.

»A ti te daré el don del amor y serás su persona; habrá muchos otros como tú en toda la Tierra y no habrá distinción de razas porque tendrás la cara, los ojos, las manos y el cuerpo como si fueran hermanos de sangre: tendrás síndrome de Down.

»Tú serás muy bajo de estatura, y tu simpatía y sentido del humor llegarán al cielo: serás gente pequeña. Disfrutarás la creación tal como lo planeé para los hombres: tendrás discapacidad intelectual.

»Y mientras otros se preocupan por los avances científicos y tecnológicos, tú disfrutarás mirando a una hormiga, una flor. Serás muy, muy feliz, porque amarás a todos y no harás juicios de ninguno.

»Tú vivirás en la Tierra, pero tu mente se mantendrá en el cielo; preferirás escuchar mi voz a la de los hombres: tendrás autismo.

»Tú serás como ningún otro: te faltarán los brazos y harás todo con las piernas y boca.

Al último ángel le dijo:

—Serás genio; te quitaré las alas antes de llegar a la Tierra y bajarás con la espalda ahuecada. Los hombres repararán tu cuerpo, pero tendrás que ingeniártelas para triunfar. Tendrás *mielomeningocelle*, que significa «miel que vino del cielo».

Los ángeles se sintieron felices con la distinción del Señor, pero les causaba enorme pena tener que apartarse del cielo para cumplir su misión.

—¿Cuánto tiempo viviremos sin verte? ¿Cuánto tiempo lejos de ti?

—No os preocupéis, estaré con vosotros todos los días. Además, esto durará sólo entre sesenta y ochenta años terrenales.

—Está bien, Padre, será como dices. Ochenta años son un instante en el reloj eterno.

—Aquí nos vemos en un ratito —dijeron los ángeles al unísono, y bajaron a la Tierra emocionados.

Cada uno llegó al vientre de una madre; ahí se formaron durante seis, siete, ocho o nueve meses y, al nacer, fueron recibidos con profundo dolor; causaron miedo y angustia.

Unos padres rehusaron la tarea; otros la asumieron enojados; algunos se echaron la culpa hasta disolver su matrimonio, y otros más lloraron con amor y aceptaron el deber.

Sea cual fuere el caso, como los ángeles saben de su misión y que sus virtudes son la fe, la esperanza y la caridad, además de otras, todas gobernadas por el amor, ellos han sabido perdonar, y con paciencia pasan la vida iluminando a todo aquel que los ha sabido amar.

AUTOR DESCONOCIDO

Siguen bajando ángeles a la Tierra con espíritus superiores en cuerpos limitados, y seguirán llegando mientras haya humanidad en el planeta. Dios quiere que estén entre nosotros para darnos la oportunidad de trabajar con ellos, para aprender de ellos. Y trabajar es servir; SERVIR ES VIVIR, y VIVIR ES AMAR, porque la vida se nos dio para eso. El que no vive para servir, no sirve para vivir.

LA GUERRA

—Mi amigo no ha regresado del campo de batalla, señor; solicito permiso para ir a buscarlo —dijo un soldado a su teniente.

—Permiso denegado —replicó el oficial—. No quiero que arriesgue usted su vida por un hombre que probablemente haya muerto.

El soldado, haciendo caso omiso de la prohibición, salió, y una hora más tarde regresó mortalmente herido transportando el cadáver de su amigo.

El oficial estaba furioso:

—¡Ya le dije yo que había muerto! ¡Ahora he perdido a dos hombres! Dígame, ¿valía la pena ir allá para traer un cadáver?

Y el soldado, moribundo, respondió:

—¡Claro que sí, señor! Cuando lo encontré, todavía estaba vivo y pudo decirme:

«ESTABA SEGURO QUE VENDRÍAS.»

AUTOR DESCONOCIDO

Un amigo es aquel que llega cuando todo el mundo se ha ido…

DECIR... TE AMO

En una clase que doy a personas adultas, recientemente hice lo «imperdonable». ¡Dejé tarea a los alumnos! La tarea era «acercarse durante la siguiente semana a alguien a quien quieren y decirle que lo aman». Tiene que ser alguien a quien nunca le hayan dicho esas palabras con anterioridad o, al menos, con quien no las hayan compartido desde hace mucho tiempo.

No parece una tarea muy difícil, hasta que nos detenemos a analizar que la mayoría de los hombres en ese grupo tenían más de treinta y cinco años y fueron educados en la generación en la que les enseñaron que expresar las emociones no es de «machos». El demostrar los sentimientos o llorar (ni Dios lo quiera) no se hacía. Por tanto, fue una tarea muy amenazante para algunos.

Al principio de nuestra siguiente clase, pregunté si alguien deseaba compartir lo sucedido cuando confesaron a alguna persona que la amaban. Esperaba plenamente que una de las mujeres se ofreciera como voluntaria, como casi siempre era el caso, pero esa noche uno de los hombres levantó la mano. Parecía bastante conmovido y un poco impresionado.

Cuando se puso de pie (su estatura era de un metro ochenta y ocho centímetros), empezó a decir:

—Dennis, la semana pasada me enfadé bastante contigo cuando nos dejaste esta tarea. No sentí que tuviera a alguien a quien decir esas palabras; además, quién eres tú para sugerirme que hiciera algo tan personal. Sin embargo, cuando conducía hacia mi casa, mi conciencia empezó a hablarme. Me dijo que sabía con exactitud a quién necesitaba decir «te amo».

»Hace cinco años, mi padre y yo tuvimos una discusión y, desde entonces, nunca lo solucionamos. Evitamos vernos, a no ser que sea absolutamente necesario, como en Navidad y en otras reuniones familiares. Incluso entonces, apenas nos hablamos.

»Por tanto, el martes pasado, cuando llegué a casa, me había convencido a mí mismo que le diría a mi padre que lo amaba. Es extraño, pero el solo hecho de tomar esa decisión pareció quitarme un peso de encima.

»Cuando llegué a casa, me apresuré a entrar para comunicarle a mi esposa lo que iba a hacer. Ella ya estaba en la cama, pero la desperté. Cuando se lo dije, no sólo se levantó, sino que lo hizo con rapidez, me abrazó y, por primera vez en nuestra vida matrimonial, me vio llorar. Permanecimos levantados hasta la medianoche, bebiendo café y charlando. ¡Fue maravilloso!

»A la mañana siguiente, me levanté temprano y alegre. Estaba tan entusiasmado que apenas pude dormir. Llegué temprano a la oficina y logré hacer más en dos horas que lo que hacía antes en todo un día. A las nueve de la mañana llamé a mi papá para ver si podía visitarlo después del trabajo.

Cuando contestó el teléfono, sólo dije: "Papá, ¿puedo visitarte esta noche después del trabajo? Tengo algo que decirte." Mi papá respondió, malhumorado: "¿Y ahora qué?" Le aseguré que no tomaría mucho tiempo y, finalmente, aceptó. A las cinco y media de la tarde estaba en la casa de mis padres y llamaba a la puerta, rezando para que papá la abriera.

»Temía que si mamá la abría, yo me acobardaría y se lo dijera a ella en vez de a él. Sin embargo, por suerte, papá abrió la puerta.

»No perdí tiempo. Di un paso, y dije: "Papá, sólo vine a decirte que te amo." Fue como si mi papá se transformara. Ante mis ojos, su rostro se suavizó, las arrugas parecieron desaparecer y empezó a llorar. Extendió los brazos, me abrazó, y dijo: "También te amo, hijo, pero nunca he podido decírtelo."

»Era un momento tan precioso que no quería moverme. Mamá se acercó con lágrimas en los ojos. Yo sólo moví la mano para saludarla y le di un beso. Papá y yo nos abrazamos durante un momento más, y después me fui. Hacía mucho tiempo que no me sentía tan maravillosamente.

»No obstante, ése no es mi punto. Dos días después de esa visita, mi papá, que tenía problemas cardíacos pero que no me lo había dicho, sufrió un ataque y terminó en el hospital, inconsciente. No sé si logrará recuperarse. Por tanto, mi mensaje para todos ustedes en la clase es éste: "No esperen para hacer las cosas que saben necesitan hacer."

»¿Qué habría sucedido de haber esperado para decírselo a mi papá?

»¡Tal vez no vuelva a tener la oportunidad!

»Tomen tiempo para hacer lo que necesitan hacer, ¡y háganlo ahora!

AUTOR DESCONOCIDO

CITA CON DIOS

Por fin, el buen Dios decidió complacer la petición de una entrevista a aquel piadoso artesano. ¡Se la había solicitado tantas veces y tan ardientemente!

—Te espero mañana, a las tres en punto de la tarde, en la capillita del collado. No vayas a faltar —de esta manera le mandó el aviso el buen Dios.

En toda la noche no pegó ojo el artesano, por los nervios de encontrarse con Dios y por el miedo de quedarse dormido y llegar tarde. Antes del amanecer ya se estaba preparando para el viaje, pues la capillita elegida por Dios quedaba lejos.

Era preferible llegar temprano y esperar todo lo que hiciera falta a fallarle a Dios llegando tarde.

Se puso sus mejores ropas y emprendió el camino. Durante todo el viaje iba memorizando las palabras que le diría al buen Dios.

Al doblar un recodo, vio a un campesino con el carro atascado en un barrizal. Por mucho que se esforzaba y tiraban los bueyes, el carro no salía.

—Écheme una mano, buen hombre —le dijo el campesino—; posiblemente, con su ayuda, lograremos salir.

—Con gusto lo haría, pero temo que si me detengo llegaré tarde a una cita con Dios, que me mandó llamar. Usted comprenderá: no puedo hacer esperar a Dios. Además, me temo que si le ayudo me manche la ropa y no quiero presentarme todo sucio ante Él.

Prosiguió su camino, y más adelante encontró a un comerciante que había sido asaltado por unos bandoleros que lo habían dejado medio muerto en el camino.

El artesano temió que, si se detenía a ayudarle, llegaría tal vez tarde a su cita con Dios. Además, si lo auxiliaba, la policía empezaría con sus preguntas y la cosa tal vez se complicaría hasta el punto en que podrían dejarlo detenido para las comprobaciones.

Por todo ello, aunque le dolió dejarlo desangrándose, siguió su camino.

Ya faltaba poco para llegar al collado de la capillita donde Dios lo había citado cuando al pasar frente a una choza muy pobre, se encontró con una mujer que lloraba desconsoladamente:

—Se me muere el hijo, señor. ¡Ayúdeme, por favor! Vaya a la aldea cercana y tráigame al médico.

—Tengo una cita con Dios y no puedo llegar tarde —se justifico el hombre, y siguió su camino.

Llegó a la capillita con varias horas de adelanto. No importaba; descansaría un rato y se asearía para presentarse bien arreglado ante Dios, y luego repasaría sus palabras y propuestas. A medida que pasaban los minutos, se iba poniendo más y más nervioso.

Llegó por fin la hora, las tres de la tarde; luego, las tres y cinco, las tres y cuarto, las tres y media, pero ni rastro de Dios.

El hombre no entendía cómo Dios podía faltar a su propia palabra y cuando iban a ser las cuatro y estaba pensando en marcharse, oyó una voz que decía:

—En vez de esperarte, decidí salir a tu encuentro. Tres veces te hablé, pero no me reconociste. Yo era el campesino de los bueyes, el comerciante golpeado y la mujer que tenía su hijo enfermo.

AUTOR DESCONOCIDO

HELADO PARA EL ALMA

La semana pasada llevé a mis niños a un restaurante. Mi hijo, de seis años de edad, preguntó si podía bendecir la mesa. Cuando asentimos con la cabeza, él dijo:

—Dios es bueno, Dios es grande. Gracias por los alimentos, pero yo estaría aún más agradecido si mamá nos diese helado para el postre. Libertad y justicia para todos. Amén.

Junto con las risas de los clientes que estaban cerca, escuché a una señora comentar:

—Eso es lo que está mal en este país; los niños de hoy en día no saben cómo orar, pedir a Dios helado... ¡Nunca había escuchado esto antes!

Al oír esto, mi hijo empezó a llorar, y me preguntó:

—¿Lo hice mal? ¿Está enojado Dios conmigo?

Abracé a mi hijo y le dije que había hecho un estupendo trabajo, y Dios seguramente no estaría enojado con él.

Un señor de edad se aproximó a la mesa. Guiñó su ojo a mi hijo, y le dijo:

—Llegué a saber que Dios pensó que aquella fue una excelente oración.

—¿En serio? —preguntó mi hijo.

—¡Por supuesto! —luego, en un susurro dramático, añadió, indicando a la mujer cuyo comentario había iniciado aquel asunto—. Muy mal; ella nunca pidió helado a Dios. Un poco de helado, a veces, es muy bueno para el alma.

Como era de esperar, compré a mis niños helado al final de la comida. Mi hijo se quedó mirando fijamente el suyo por un momento, y luego hizo algo que nunca olvidaré por el resto de mi vida.

Tomó su helado y, sin decir una sola palabra, avanzó hasta ponerlo frente a la señora. Con una gran sonrisa, le dijo:

—Tómelo, es para usted; el helado es bueno para el alma y mi alma ya está bien.

AUTOR DESCONOCIDO

Los niños tienen mucho que enseñarnos de las cosas simples de la vida: su inocencia es algo maravilloso...

CRUZ PESADA

Un joven ya no podía más con sus problemas. Cayó de rodillas, rezando:

—Señor, no puedo seguir; mi cruz es demasiado pesada.

El Señor, como siempre, acudió y le contestó:

—Hijo mío, si no puedes llevar el peso de tu cruz, guárdala dentro de esa habitación. Después, abre esa otra puerta y escoge la cruz que tú quieras.

El joven suspiró, aliviado.

—Gracias, Señor —dijo, e hizo lo que le había dicho.

Al entrar, vio muchas cruces, algunas tan grandes que no podía ver la parte de arriba. Después, vio una pequeña cruz apoyada en un extremo de la pared.

—Señor —susurró—, quisiera esa cruz que está allá —dijo, señalándola.

Y el Señor contestó:

—Hijo mío, ésa es la cruz que acabas de dejar.

AUTOR DESCONOCIDO

Cuando los problemas de la vida nos parecen abrumadores, siempre es útil mirar a nuestro alrededor y ver las cosas con las que se enfrentan los demás. Verás que debes considerarte más afortunado de lo que te imaginas. Cualquiera que sea tu cruz, cualquiera que sea tu dolor, siempre brillará el sol después de la lluvia. ¡Ninguna cruz es pesada cuando es el Padre quien te ayuda a cargarla!

ADIÓS, QUERIDO PAPÁ

Lo siento mucho, papá, porque creo que ésta es la última vez que me podré dirigir a ti. En serio, lo siento mucho. Es tiempo de que sepas la verdad. Voy a ser breve y claro: la droga me mató, papá. Conocí a mis asesinos a eso de los quince o dieciséis años. Es horrible, ¿no es cierto? ¿Sabes cómo fue?

Un ciudadano elegantemente vestido, muy elegante realmente y que se expresaba muy bien, nos presentó a nuestro futuro asesino: la droga. Yo intenté rechazarla. De veras lo intenté, pero este señor se metió en mi dignidad diciéndome que yo no era hombre.

No es necesario que diga nada más, ¿no es cierto…? Ingresé al mundo de las drogas. No hacía nada sin que las drogas estuvieran presentes.

Yo sentía que las demás personas y la droga, mi amiga, sonreían y sonreían…

¿Sabes, papá? Cuando uno comienza encuentra todo ridículo y muy divertido. Incluso a Dios lo encontraba ridículo.

Hoy, en este hospital, reconozco que Dios es lo más importante en el mundo; sé que sin su ayuda no estaría escribiendo lo que escribo.

Papá, no vas a creerlo, pero la vida de un drogadicto es terrible. Uno se siente desgarrado por dentro. Es terrible y todos los jóvenes deben saberlo para no entrar en eso. Yo no puedo dar tres pasos sin cansarme. Los médicos me dicen que me voy a curar; pero cuando salen del cuarto mueven la cabeza. Papá, sólo tengo diecinueve años y sé que no tengo oportunidad de vivir.

Es muy tarde para mí, pero tengo un último encargo que hacerte:

Habla a todos los jóvenes que conoces y muéstrales esta carta. Diles que en cada puerta de los colegios y en cualquier aula, en cada facultad, en cada negocio o en cualquier lugar, puede haber siempre un hombre elegante que va a mostrarles a su futuro asesino, el que destruirá sus vidas.

Por favor, haz eso, papá, antes de que sea demasiado tarde para ellos también.

Perdóname, papá; ya sufrí demasiado. Perdóname por hacerte sufrir también con mis locuras.

Adiós, querido papá.

Autor desconocido

El autor de esta carta falleció a pocos días de escribirla por abuso de drogas. Esta carta fue publicada en la ciudad de Tandil (Buenos Aires, Argentina) en el mes de octubre de 1996.

CUANDO LA FRUTA NO ALCANCE

Una vez, un grupo de tres hombres se perdió en la montaña y había solamente una pieza de fruta para alimentar a los tres, quienes casi desfallecían de hambre.

Se les apareció entonces Dios y les dijo que probaría su sabiduría, y que dependiendo de lo que contestasen les salvaría. Entonces, les preguntó Dios qué podían pedirle para arreglar aquel problema y que todos se alimentaran

El primero dijo:

—Pues aparece más comida.

Dios contestó que era una respuesta sin sabiduría, pues no se debe pedir a Dios que aparezca mágicamente la solución a los problemas, sino trabajar con lo que se tiene.

Dijo el segundo:

—Entonces, haz que la fruta crezca para que sea suficiente.

A lo que Dios contestó que «no», pues la solución no es pedir siempre multiplicación de lo que se tiene para arreglar el problema, pues el ser humano nunca queda satisfecho y, por ende, nunca sería suficiente.

Y el tercero dijo:

—Mi buen Dios, aunque tenemos hambre y somos orgullosos, haznos pequeños a nosotros para que la fruta nos alcance.

Dios dijo:

—Has contestado bien, pues cuando el hombre se hace humilde y se empequeñece delante de mis ojos, verá la prosperidad.

AUTOR DESCONOCIDO

Se nos enseña siempre que otros arreglen nuestros problemas o a buscar la salida fácil, siempre pidiendo a Dios que arregle todo sin que nosotros cambiemos o sacrifiquemos nada. Por eso, muchas veces parece que Dios no nos escucha, pues pedimos sin dejar nada de lado y queriendo siempre salir ganando. Muchas veces somos egoístas y siempre queremos de todo para nosotros.

Seremos felices el día que aprendamos que la forma de pedir a Dios es reconocernos débiles, y ser humildes dejando de lado nuestro orgullo. Y veremos que al empequeñecernos en lujos y ser mansos de corazón veremos la prosperidad de Dios y la forma como Él sí escucha.

Pídele a Dios que te haga pequeño… ¡¡Haz la prueba!!

EL MANTEL

El nuevo sacerdote, recién asignado a su primer ministerio para reabrir una iglesia en los suburbios de Brooklyn, en Nueva York, llegó a comienzos de octubre entusiasmado con sus primeras oportunidades.

Cuando vio la iglesia, se encontró con que estaba en pésimas condiciones y requería mucho trabajo de reparación.

Se fijó la meta de tener todo listo a tiempo para oficiar su primer servicio en la Nochebuena.

Trabajó arduamente, reparando los bancos, empañetando las paredes, pintando, etc., y para el 18 de diciembre ya había casi concluido con los trabajos, adelantándose a la meta trazada.

El 19 de diciembre cayó una terrible tormenta, que azotó el área por dos días completos.

El día 21, el sacerdote fue a ver la iglesia. Su corazón se contrajo cuando vio que el agua se había filtrado a través del techo, causando que un área considerable del pañote —de unos seis por dos metros y medio— cayese de la pared frontal del santuario, exactamente detrás del púlpito, dejando un hueco que empezaba como a la altura de la cabeza.

El sacerdote limpió los cascotes del piso y no sabiendo qué más hacer, sino posponer el servicio de Nochebuena, salió hacia su casa.

En el trayecto observó que una tienda local estaba llevando a cabo una venta del tipo «mercado de pulgas», con fines caritativos, y decidió entrar. Uno de los artículos era un hermoso mantel hecho a mano, color hueso, con un trabajo exquisito de aplicaciones, bellos colores y una cruz bordada en el centro.

Era justamente el tamaño adecuado para cubrir el hueco en la pared frontal.

Lo compró y volvió hacia la iglesia. Ya para ese entonces había comenzado a nevar. Una mujer mayor iba corriendo en dirección opuesta tratando de alcanzar el autobús, pero finalmente lo perdió.

El sacerdote la invitó a esperar en la iglesia, donde había calefacción, hasta el próximo autobús, que tardaría cuarenta y cinco minutos, o más, en llegar. La señora se sentó en el banco sin prestar atención al pastor, mientras éste buscaba una escalera, ganchos, etc., para colocar el mantel como tapiz en la pared.

El sacerdote apenas podía creer lo hermoso que lucía y cómo cubría todo el área del problema. Entonces él miro a la mujer, que venía caminando hacia abajo desde el pasillo del centro.

Su cara estaba blanca como una hoja de papel.

—Padre, ¿dónde consiguió usted ese mantel?

El padre le explicó. La mujer le pidió revisar la esquina inferior derecha para ver si las iniciales EGB aparecían bordadas allí.

Sí, estaban. Éstas eran las iniciales de la mujer y ella había hecho ese mantel treinta y cinco años atrás, en Austria.

La mujer apenas podía creerlo cuando el pastor le contó cómo acababa de obtener el mantel. La mujer le explicó que, antes de la guerra, ella y su esposo tenían una posición económica holgada en Austria.

Cuando los nazis llegaron, la forzaron a irse. Su esposo debía seguirla la semana siguiente. Ella fue capturada, enviada a prisión y nunca volvió a ver a su esposo ni su hogar.

El sacerdote la llevó en su automóvil hasta su casa y ofreció regalarle el mantel, pero ella lo rechazó diciéndole que era lo menos que podía hacer.

Se sentía muy agradecida, pues vivía al otro lado de Staten

Island y solamente estaba en Brooklyn por el día para un trabajo de limpieza de casa.

¡Qué maravilloso fue el servicio de la Nochebuena! La iglesia estaba casi llena. La música y el espíritu que reinaban eran increíbles.

Al final del servicio, el sacerdote despidió a todos en la puerta y muchos expresaron que volverían.

Un hombre mayor, que el sacerdote reconoció del vecindario, seguía sentado en uno de los bancos mirando hacia el frente, y el padre se preguntaba por qué no se iba. El hombre le preguntó dónde había obtenido ese mantel que estaba en la pared del frente, porque era idéntico al que su esposa había hecho años atrás en Austria, antes de la guerra, y ¿cómo podía haber dos manteles tan idénticos?

Él le relato al sacerdote cómo llegaron los nazis y cómo forzó a su esposa a irse, para la seguridad de ella, y cómo él estaba dispuesto a seguirla, pero había sido arrestado y enviado a prisión. Nunca volvió a ver a su esposa ni su hogar en todos aquellos treinta y cinco años.

El sacerdote le preguntó si le permitiría llevarlo con él a dar una vuelta.

Se dirigieron en el automóvil hacia Staten Island, hasta la misma casa donde el padre había llevado a la mujer tres días atrás.

Él ayudó al hombre a subir los tres pisos de escalera que conducían al apartamento de la mujer, tocó en la puerta y presenció la más bella reunión de Navidad que pudo haber imaginado.

UNA HISTORIA REAL, OFRECIDA POR EL PADRE ROB REID

Una linda historia que confirma que las casualidades no existen. ¡¡¡DIOS nos hace sus instrumentos!!!
Dios trabaja en formas misteriosas…

CUENTOS
DE LOS PADRES DEL DESIERTO

En los comienzos de la era cristiana, el monasterio de Esceta llegó a ser el centro de convergencia de mucha gente que, después de renunciar a lo que tenían, iban a vivir al desierto que rodeaba el monasterio. Muchas de las enseñanzas de estos hombres fueron recogidas y publicadas en diversos libros.

EL CAMINO DEL MEDIO

El monje Lucas, acompañado de un discípulo, atravesaba una aldea. Un viejo preguntó al asceta:

—Santo hombre, ¿cómo me aproximo a Dios?

—Diviértete. Alaba al creador con tu alegría —fue la respuesta.

Los dos continuaron caminando. En otro momento se acercó un joven:

—¿Qué hago para aproximarme a Dios?

—No te diviertas tanto —dijo Lucas.

Cuando el joven se hubo alejado, comentó el discípulo:

—Parece que no sabe usted muy bien si debemos divertirnos o no.

—La búsqueda espiritual es un puente sin barandillas atravesando un abismo —respondió Lucas—. Si alguien está muy cerca del lado derecho, le digo: «Ve hacia la izquierda.» Si se acercan al lado izquierdo, digo: «Hacia la derecha.» Porque los extremos nos alejan del camino.

LA CIUDAD DEL OTRO LADO

Un ermitaño del monasterio de Esceta se aproximó al abad Teodoro.

—Sé exactamente cuál es el objetivo de la vida. Sé lo que Dios pide al hombre y conozco la mejor manera de servirlo. Y a pesar de eso, soy incapaz de hacer todo lo que debería estar haciendo para servir al Señor.

El abad Teodoro permaneció un largo tiempo en silencio. Finalmente dijo:

—Tú sabes que existe una ciudad al otro lado del océano. Pero aún no has encontrado el barco, no has subido tu equipaje y no has atravesado el mar. ¿Por qué estar hablando de ella o de cómo debemos caminar por sus calles? Saber el objetivo de la vida o conocer la mejor manera de servir al Señor no basta. Pon en práctica lo que estás pensando y el camino se mostrará por sí mismo.

COMPÓRTATE COMO LOS DEMÁS

El abad Pastor caminaba con un monje de Esceta cuando fueron invitados a cenar. El dueño de la casa, que se sentía honrado por la presencia de los padres, mandó servir lo mejor que tenían. No obstante, el monje estaba en período de ayuno; cuando llegó la comida, tomó un guisante y lo masticó lentamente. Y sólo comió ese guisante durante toda la cena. Al salir, el abad Pastor le llamó:

—Hermano, cuando vayas a visitar a alguien, no conviertas tu santidad en una ofensa. La próxima vez que estés en período de ayuno, no aceptes convites para comer.

El monje entendió lo que el abad Pastor decía. A partir de

ese momento, siempre que estaba con otras personas se comportaba como ellas.

EL TRABAJO EN LA LABRANZA

El muchacho cruzó el desierto y llegó finalmente al monasterio de Esceta, cerca de Alejandría. Allí pidió para asistir a una de las conferencias del abad, y le dieron permiso. Aquella tarde el abad disertó sobre la importancia del trabajo en la labranza. Al terminar, el chico dijo a uno de los monjes:

—Estoy muy impresionado. Pensé que iba a encontrar un sermón iluminado sobre las virtudes y los pecados, y el abad sólo habló de tomates, irrigación y cosas así. Allí de donde yo vengo todos creen que Dios es misericordia y que basta rezar.

El monje sonrió, y respondió:

—Aquí nosotros creemos que Dios ya hizo su parte y ahora nos corresponde a nosotros continuar el proceso.

JUZGANDO A MI PRÓJIMO

Uno de los monjes de Esceta cometió una falta grave y llamaron al ermitaño más sabio para que pudiera juzgarla.

El ermitaño rehusó, pero insistieron tanto que terminó yendo. Llegó allí, cargando en la espalda un balde agujereado de donde se escurría arena.

—Vine a juzgar a mi prójimo —dijo el ermitaño al superior del convento—. Mis pecados se están escurriendo detrás mío como la arena se escurre de este balde. Pero como no miro hacia atrás y no me doy cuenta de mis propios pecados, ¡fui llamado para juzgar a mi prójimo!

Al escucharlo, los monjes desistieron de aplicar el castigo.

LA MANERA DE AGRADAR AL SEÑOR

Cierto novicio fue en busca del abad Macario y le pidió consejo sobre la mejor manera de agradar al Señor.

—Ve hasta el cementerio e insulta a los muertos —le dijo Macario.

El hermano hizo lo que le ordenaban, y al día siguiente volvió a Macario.

—¿Te respondieron? —preguntó el abad, y el novicio dijo que «no»—. Entonces vuelve allá y elógialos.

El novicio obedeció. Aquella misma tarde volvió al abad, que de nuevo quiso saber si los muertos habían respondido.

—No —dijo el novicio.

—Para agradar al Señor actúa de la misma manera —comentó Macario—. No cuentes ni con el desprecio de los hombres ni con sus halagos. De esta manera podrás construir tu propio camino.

EL SUEÑO DEL SULTÁN

Un sultán soñó que había perdido todos los dientes. Una vez despierto, mandó llamar a un sabio para que interpretase su sueño.

—¡Qué desgracia, mi señor! —exclamó el sabio—. Cada diente caído representa la pérdida de un pariente de vuestra majestad.

—¡Qué insolencia! —gritó el sultán, enfurecido—. ¿Cómo te atreves a decirme semejante cosa? ¡Fuera de aquí!

Llamó a su guardia y ordenó que le dieran cien latigazos.

Más tarde, ordenó que le trajesen a otro sabio y le contó lo que había soñado.

Éste, después de escuchar al sultán con atención, le dijo:

—Excelso señor, gran felicidad os ha sido reservada. El sueño significa que sobrevivirás a todos vuestros parientes.

Se iluminó el semblante del sultán con una gran sonrisa y ordenó que le dieran cien monedas de oro.

Cuando éste salía del palacio, uno de los cortesanos le dijo, admirado:

—¡No es posible! La interpretación que habéis hecho de los sueños es la misma que la del primer sabio. No entiendo por qué al primero le pagó con cien latigazos y a ti con cien monedas de oro.

—Recuerda bien, amigo mío —respondió el segundo sabio—: «Todo depende de la forma en el decir… Uno de los grandes desafíos de la humanidad es aprender a comunicarse.»

De la comunicación depende, muchas veces, la felicidad o la desgracia, la paz o la guerra.

Que la verdad debe ser dicha en cualquier situación, de esto no cabe duda, mas la forma con que debe ser comunicada es lo que provoca, en algunos casos, grandes problemas.

AUTOR DESCONOCIDO

La verdad puede compararse con una piedra preciosa. Si la lanzamos contra el rostro de alguien, puede herir, pero si la envolvemos en un delicado embalaje y la ofrecemos con ternura, ciertamente será aceptada con agrado.

CARTA DEL JEFE SEATLE AL PRESIDENTE DE ESTADOS UNIDOS

El gran jefe de Washington manda decir que desea comprar nuestras tierras. Gran jefe también nos envía palabras de amistad y buena voluntad. Apreciamos esta gentileza porque sabemos qué poca falta le hace, en cambio, nuestra amistad. Vamos a considerar su oferta, pues sabemos que de no hacerlo el hombre blanco podrá venir con sus armas de fuego y tomar nuestras tierras.

El gran jefe de Washington podrá confiar en lo que dice el jefe Seattle con la misma certeza con que nuestros hermanos blancos podrán confiar en la vuelta de las estaciones.

Mis palabras son inmutables como las estrellas. ¿Cómo podéis comprar o vender el cielo, el calor de la tierra? Esta idea nos parece extraña. No somos dueños de la frescura del aire ni del centelleo del agua. ¿Cómo podríais comprarlo a nosotros? Lo decimos oportunamente.

Habéis de saber que cada partícula de esta tierra es sagrada para mi pueblo. Cada hoja resplandeciente, cada playa arenosa, cada neblina en el oscuro bosque, cada claro y cada insecto con su zumbido son sagrados en la memoria y la experiencia de mi pueblo. La savia que circula en los árboles porta las memorias del hombre de piel roja. Los muertos del hombre blanco se olvidan de su tierra natal cuando se van a caminar por entre las estrellas.

Nuestros muertos jamás olvidan esta hermosa tierra, porque ella es la madre del hombre de piel roja. Somos parte de la tierra y ella es parte de nosotros. Las fragantes flores son nuestras hermanas; el ciervo, el caballo y el águila majestuosa son nuestros hermanos. Las crestas rocosas, las raíces de las praderas, el calor corporal del potrillo y del hombre, todos pertenecen a la misma familia.

Por eso, cuando el gran jefe de Washington manda decir que desea comprar nuestras tierras, es mucho lo que pide. El gran jefe manda decir que nos reservará un lugar para que podamos vivir cómodamente entre nosotros.

Él será nuestro padre y nosotros seremos sus hijos. Por eso consideraremos su oferta de comprar nuestras tierras. Mas ello no será fácil porque estas tierras son sagradas para nosotros. El agua centelleante que corre por los ríos y esteros no es meramente agua sino la sangre de nuestros antepasados.

Si os vendemos estas tierras, tendréis que recordar que ellas son sagradas y deberéis enseñar a vuestros hijos que lo son, y que cada reflejo fantasmal en las aguas claras habla de acontecimientos y recuerdos de la vida de mi pueblo.

El murmullo del agua es la voz del padre de mi padre. Los ríos son nuestros hermanos; ellos calman nuestra sed.

Los ríos llevan nuestras canoas y alimentan a nuestros hijos. Si os vendemos nuestras tierras, deberéis recordar y enseñar a vuestros hijos que los ríos son nuestros hermanos y hermanos de vosotros; deberéis en adelante dar a los ríos el trato bondadoso que daríais a cualquier hermano.

Sabemos que el hombre blanco no comprende nuestra manera de ser. Le da lo mismo un pedazo de tierra que otro, porque él es un extraño que llega en la noche a sacar de la tierra lo que necesita. La tierra no es su hermano, sino su enemigo. Cuando la ha conquistado la abandona y sigue su camino. Deja detrás de él las sepulturas de sus padres sin que le importe. Despoja de la tierra a sus hijos sin que le importe.

Olvida la sepultura de su padre y los derechos de sus hijos.

Trata a su madre, la Tierra, y a su hermano, el cielo, como si fuesen cosas que se pueden comprar, saquear y vender, como si fuesen corderos y cuentas de vidrio. Su insaciable apetito devorará la tierra y dejará tras sí sólo un desierto. No lo comprendo.

Nuestra manera de ser es diferente a la vuestra. La vista de vuestras ciudades hace doler los ojos al hombre de piel roja. Pero quizá sea así porque el hombre de piel roja es un salvaje y no comprende las cosas. No hay ningún lugar tranquilo en las ciudades del hombre blanco, ningún lugar donde pueda escucharse el desplegar de las hojas en primavera o el rozar de las alas de un insecto. Pero quizá sea así porque soy un salvaje y no puedo comprender las cosas. El ruido de la ciudad parece insultar los oídos. ¿Y qué clase de vida es cuando el hombre no es capaz de escuchar el solitario grito de la garza o la discusión nocturna de las ranas alrededor de la laguna?

Soy un hombre de piel roja y no lo comprendo. Los indios preferimos el suave sonido del viento que acaricia la cala del lago y el olor del mismo viento purificado por la lluvia del mediodía o perfumado por la fragancia de los pinos. El aire es algo precioso para el hombre de piel roja porque todas las cosas comparten el mismo aliento: el animal, el árbol y el hombre.

El hombre blanco parece no sentir el aire que respira. Al igual que un hombre muchos días agonizante se ha vuelto insensible al hedor. Mas, si os vendemos nuestras tierras, debéis recordar que el aire es precioso para nosotros, que el aire comparte su espíritu con toda la vida que sustenta. Y si os vendemos nuestras tierras, debéis dejarlas aparte y mantenerlas sagradas como un lugar al cual podrá llegar incluso el hombre blanco a saborear el viento dulcificado por las flores de la pradera.

Consideraremos vuestra oferta de comprar nuestras tierras. Si decidimos aceptarla, pondré una condición: que el hombre blanco deberá tratar a los animales de estas tierras como hermanos. Soy un salvaje y no comprendo otro modo de conducta. He visto miles de búfalos pudriéndose sobre las praderas y abandonados allí por el hombre blanco, que les disparó desde un tren en marcha. Soy un salvaje y no comprendo cómo el humeante caballo de vapor puede ser más importante que el búfalo, al que sólo matamos para poder vivir.

¿Qué es el hombre sin los animales? Si todos los animales hubiesen desaparecido, el hombre moriría de una gran soledad de espíritu. Porque todo lo que ocurre a los animales pronto habrá de ocurrir también al hombre. Todas las cosas están relacionadas entre sí. Vosotros debéis de enseñar a vuestros hijos que el suelo bajo sus pies es la ceniza de sus abuelos.

Para que respeten la tierra, debéis decir a vuestros hijos que la tierra está plena de la vida de nuestros antepasados. Debéis enseñar a vuestros hijos lo que nosotros hemos enseñado a los nuestros: que la tierra es nuestra madre. Todo lo que afecta a la tierra nos afecta a los hijos de la Tierra. Cuando los hombres escupen en el suelo, se escupen a sí mismos. Esto lo sabemos: la tierra no pertenece al hombre, sino que el hombre pertenece a la Tierra.

El hombre no ha tejido la red de la vida, es sólo una hebra de ella. Todo lo que haga a la red se lo hará a él mismo. Lo que ocurre a la tierra ocurrirá a los hijos de la Tierra. Lo sabemos. Todas las cosas están relacionadas, como la sangre que une a una familia. Aun el hombre blanco, cuyo Dios se pasea con él y conversa con él —de amigo a amigo no puede estar exento del destino común—. Quizá seamos hermanos después de todo. Lo veremos. Sabemos algo que el hombre blanco descubrirá algún día, que nuestro Dios es su mismo Dios. Ahora pensáis, quizás, que sois dueño de nuestras tierras, pero no podréis serlo. Él es el Dios de la humanidad y su compasión es igual para el hombre de piel roja que para el hombre blanco. Esta tierra es preciosa para Él y el causarle daño significa mostrar desprecio hacia el creador.

Los hombres blancos también pasarán, tal vez antes que las demás tribus. Si contamináis vuestra cama, moriréis alguna noche sofocados por vuestros propios desperdicios. Pero aun en vuestra hora final, os sentiréis iluminados por la idea de que Dios os trajo a estas tierras, y os dio el dominio sobre ellas y sobre el hombre de piel roja, con algún propósito especial.

Tal destino es un misterio para nosotros porque no comprendemos lo que ocurrirá cuando los búfalos hayan sido exterminados, cuando los caballos salvajes hayan sido domados, cuando los recónditos rincones de los bosques exhalen el olor a muchos hombres y cuando la vista esté cercada por un enjambre de alambres parlantes.

¿Dónde está el espeso bosque...? Desapareció...

¿Dónde está el águila...? Desapareció...

«ASÍ TERMINA LA VIDA Y EMPIEZA EL SOBREVIVIR...»

JEFE INDIO SEATTLE

Ojalá que seamos más concientes de lo que le hacemos a nuestra madre TIERRA... y podamos revertir el daño que le hemos hecho. Ojalá, de hoy en adelante, tengamos otra actitud y la cuidemos como a una madre que es... con conciencia, respeto y amor.

DESIDERATA

Camina plácidamente entre el ruido y la prisa, y recuerda que se puede encontrar la paz en el silencio. Hasta donde sea posible trata de mantener buenas relaciones con todo el mundo. Di tu verdad de una manera serena y clara; escucha a los demás, incluso al torpe y al aburrido, pues también ellos tienen su propia historia.

Evita a las personas ruidosas y agresivas, porque son un mal para el espíritu. Si te comparas con los demás, te volverás vanidoso y amargado, pues siempre habrá personas más grandes y más pequeñas que tú.

Disfruta de tus éxitos lo mismo que de tus planes. Mantén el interés en tu propia carrera por más humilde que ésta sea, pues ella es un verdadero tesoro en el fortuito cambiar de los tiempos.

Sé cauto en tus negocios, pues el mundo está lleno de engaños, mas no dejes que esto te vuelva ciego para la virtud que existe.

Hay muchas personas que se esfuerzan por alcanzar nobles ideales y en todas partes la vida esta llena de heroísmo.

Sé sincero contigo mismo y, en especial, no finjas el afecto. No seas cínico en el amor. Porque a pesar de toda la aridez y desengaño, es tan perenne como la hierba. Acata dócilmente el consejo de los años, abandonando con donaire las cosas de la juventud. Alimenta la fortaleza de tu espíritu para que te proteja en las adversidades repentinas.

No te atormentes con tu imaginación. Muchos temores nacen de la fatiga y la soledad. Además de una sana disciplina, sé benigno contigo mismo.

Tú eres una criatura del universo, no menos que las plantas y las estrellas; tienes derecho a existir. Y sea que te resulte claro, o no, indudablemente el universo marcha como debiera.

Por eso debes estar en paz con Dios. Y cualesquiera que sean tus trabajos y aspiraciones, en la ruidosa confusión de la vida, mantén la paz con tu espíritu.

Aún con toda su farsa, penalidades y sueños fallidos, el mundo es todavía hermoso. Sé alegre. ¡Esfuérzate por ser feliz!

MAX EHRMANN

Imagine there's no heaven
Imagínate que no hay cielo
It's easy if you try
es fácil si te esfuerzas

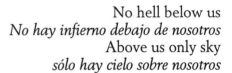

No hell below us
No hay infierno debajo de nosotros
Above us only sky
sólo hay cielo sobre nosotros

Imagine all the people
Imagínate a toda la gente
Living for today
viviendo para el hoy

Imagine there's no countries
Imagínate que no hay países
It isn't hard to do
no es tan difícil imaginarlo

Nothing to kill or die for
Nada porque matar o morir
And no religion too
y tampoco ninguna religión

Imagine all the people
Imagínate a toda la gente
Living life in peace
viviendo en paz

You may say I'm a dreamer
Podrás decir que soy un soñador
But I'm not the only one
pero no soy el único

I hope someday you'll join us
Espero que algun día ustedes se unan a nosotros
And the world will be as one
que el mundo llegue a ser UNO

Imagine no possessions
Imagínate sin posesiones
I wonder if you can
me pregunto si lo podrás hacer

No need for greed or hunger
Ninguna necesidad para la avaricia o el hambre
A brotherhood of man
una hermandad de hombres

Imagine all the people
Imagínate a toda la gente
Sharing all the world
compartiendo el mundo entero...

You may say I'm a dreamer
Podrás decir que soy un soñador
But I'm not the only one
pero no soy el único que sueña

I hope someday you'll join us
Espero que algún día ustedes se nos unan
And the world will be as one
y el mundo llegue a ser uno.

Cantemos esta canción conscientes de lo que dice su letra,
una y otra vez; no nos olvidemos que somos co-creadores.

EN MEMORIA DE JOHN LENNON

Si deseas comunicarte con la autora,
puedes hacerlo a través de la siguiente
dirección de e-mail:

porunmundomejor@terra.cl

Si deseas recibir información gratuita sobre nuestras novedades

- Llámanos

o

- Manda un fax

o

- Manda un e-mail

o

- Escribe

o

- Recorta y envía esta página a:

C/ Alquimia, 6
28933 Móstoles (Madrid)
Tel.: 91 614 53 46
Fax: 91 618 40 12
E-mail: contactos@alfaomega.es - www.alfaomega.es

Nombre: ....

Primer apellido: ....

Segundo apellido: ....

Domicilio: ....

Código Postal: ....

Población: ....

País: ....

Teléfono: ....

Fax: ....

E-mail: ....

Cuentos con alma